rowohlts monographien
begründet von Kurt Kusenberg
herausgegeben
von Wolfgang Müller und Uwe Naumann

Franz Liszt

mit Selbstzeugnissen
und Bilddokumenten
dargestellt von
Everett Helm

Rowohlt

Dieser Band wurde eigens für «rowohlts monographien» geschrieben
Den Anhang besorgte der Autor
Herausgeber: Kurt Kusenberg · Redaktion: Beate Möhring
Schlußredaktion: K. A. Eberle
Umschlaggestaltung: Werner Rebhuhn
Vorderseite: Franz Liszt. Gemälde von M. Barabas
(Archiv für Kunst und Geschichte, Berlin)
Rückseite: Altersbild, 1884 (Slg. Everett Helm)

Veröffentlicht im Rowohlt Taschenbuch Verlag,
Reinbek bei Hamburg, Februar 1972
Copyright © 1972 by Rowohlt Taschenbuch Verlag GmbH,
Reinbek bei Hamburg
Alle Rechte an dieser Ausgabe vorbehalten
Gesetzt aus der Linotype-Aldus-Buchschrift
und der Palatino (D. Stempel AG)
Gesamtherstellung Clausen & Bosse, Leck
Printed in Germany
ISBN 3 499 50185 6

15. Auflage August 2004

Inhalt

Vorwort 7
Kindheit und Jugend 9
Lehrjahre 17
Das Wunderkind 19
Klavierlehrer in Paris 22
Der Salonlöwe 27
Marie d'Agoult 35
Années de Pèlerinage 41
Der unvergleichliche Virtuose 55
Der größte Virtuose aller Zeiten 61
Der König dankt ab 66
Die Weimarer Jahre 73
Weimarer Kompositionen 81
Liszt und die Fürstin 88
Richard Wagner und Liszt 97
Weimarer Nachspiel und Rom 106
Die letzten Jahre 114

Anmerkungen 141
Zeittafel 144
Zeugnisse 148
Verzeichnis der Hauptwerke 151
Bibliographie 153
Namenregister 157
Über den Autor 160
Quellennachweis der Abbildungen 160

Liszt mit 21 Jahren. Paris, 1832. Lithographie von A. Déveria

VORWORT

Über Franz Liszt zu schreiben ist heutzutage eine verlockende und zugleich heikle Aufgabe. Früher war es anders, denn es existierte noch Jahrzehnte nach dem Tod des Meisters eine klug aufgebaute und sorgfältig gepflegte Legende, die niemand anzweifelte. Für den Schriftsteller lag das ganze Material bereit, vorbearbeitet und sogar vorgekaut; er hatte sich nur dessen zu bedienen.

So entstand eine enorme Literatur über Liszt, die auf dieser Legende basierte. Dann kamen die ersten Zweifel auf, ob auch wirklich alles so sei, wie geschildert, und Schriften über Liszt nahmen merklich ab. Gewiß trug zu diesem Schwinden auch die Veränderung des Zeitgeistes und des musikalischen Geschmacks das ihrige bei.

Die Stille um Liszt wurde durch einige wichtige Bücher der dreißiger Jahre gebrochen: Die Memoiren der Gräfin Marie d'Agoult, die Korrespondenz zwischen Liszt und der Gräfin sowie Liszts Briefe an seine Kinder wurden veröffentlicht. Außerdem erschienen das bis heute umfassendste Werk über Liszt von Peter Raabe und das von Ernest Newman: «The Man Liszt». Letzteres bleibt bis heute die schärfste Kritik der Liszt-Legende.

Fast isoliert stehen diese zwei Werke für die Zeit 1930 bis 1955. Danach wird das Interesse an Liszt wieder wach und führt zu einer Reihe neuer Schriften, die zum Teil in der Bibliographie angeführt sind. Auch die Entwicklung der modernen Musik hat dieses Interesse genährt. Man erkennt Liszt als Erneuerer, und im Konzertsaal werden manche lang unbeachtete Werke wieder aufgeführt. Liszt-Gesellschaften werden wieder rege (vor allem dank dem englischen Komponisten Humphrey Searle), und neue Ausgaben der Werke erscheinen. Allmählich gelangt man also zu einem ausgeglichenen Bild der Musik des Komponisten, obwohl noch viel zu tun bleibt.

Mit dem Problem des Menschen Liszt ist man kaum weitergekommen. Die Zweifel an der Legende bleiben bestehen und wurden durch das 1967 erschienene, hoch interessante Buch «Franz Liszt» von Émile Haraszti bekräftigt. Demgegenüber aber steht immer noch die monolithische Figur des makellosen, gütigen Franziskaners, als der Liszt fast ausnahmslos bis 1930 dargestellt wurde; heute ignoriert man die Gegenzeugnisse im allgemeinen ebenso wie früher. Dafür haben die Fürstin Carolyne von Sayn-Wittgenstein und ihr Einfluß gesorgt.

Auch das verzerrte Porträt ihrer Vorgängerin, der Gräfin d'Agoult, das die Fürstin (nicht ohne Liszts Einverständnis) intelligent und listig zeichnete, wird nicht korrigiert. Da bei dieser Tragikomödie die Aussagen der drei Hauptdarsteller jeweils eine Mischung von Wahrheit und Erfundenem enthalten, sind Rückschlüsse schwierig, manchmal fast unmöglich.

Gerade dieses unklare Bild der Figur Liszts hat mich jahrelang gefesselt und fasziniert. Die Persönlichkeit des Mannes stellt uns vor ein großes Rätsel, das zu lösen ich versucht habe. Es war mir dabei von vornherein klar, daß die Lösung weder hier noch sonstwo vollkommen

Liszts Geburtshaus in Raiding. Aquarell, 1840

sein kann. Das Bild von Liszt, das hier entsteht, ist weder schwarz noch weiß, ebensowenig ist es nur grau. Es besteht aus vielen Schattierungen, ebenso wie der Charakter Liszts aus den verschiedensten, manchmal sich widersprechenden Elementen und Eigenschaften bestand.

Es verhält sich nämlich so: Jeder Biograph und «Deuter» dieses außergewöhnlichen Menschen und Künstlers vermag ihn so darzustellen, wie er, der Biograph, Liszt haben möchte. Er braucht nur jene Quellen und Zeugnisse zu zitieren, die das erwünschte Bild ergeben. So hat man Ernest Newman in Verdacht, daß er die Figur Liszts «verkleinern» wollte – und zwar zugunsten seines Helden Richard Wagner. Newmans Buch ist insoweit ein «böses» Buch, als es sich auf die negativen Charakterzüge Liszts konzentriert. Auf der anderen Seite ist die erste umfassende Ur-Biographie von Lina Ramann, die unter Aufsicht und Mitwirkung der Fürstin von Sayn-Wittgenstein entstand, ein irritierender Versuch, den Meister als Engel darzustellen.

Wie so oft liegt die Wahrheit in der Mitte. Aber man gelangt nicht zu dieser Wahrheit, indem man einen Punkt sucht, der etwa in der Mitte zwischen Lina Ramann und Ernest Newman liegt, sondern indem man Liszt unvoreingenommen und neu betrachtet: als Menschen, dessen Tun und Lassen auch menschliche Schwächen zeigte, die weder vertuscht noch hervorgehoben werden müssen. Außerdem ist Liszt nur im Rahmen seiner Periode verständlich: Als Kind seiner Zeit und als Opfer seiner Zeit, wobei «Opfer» im umfassenden, keineswegs im pathetischen Sinn gemeint ist.

KINDHEIT UND JUGEND

Unweit von Eisenstadt im Burgenland, nicht allzu weit von Preßburg und nur einige Stunden zu Pferd von Wien entfernt, liegt das Dorf Raiding – auf ungarisch Doborján. Doch dieses Dorf im Komitat Ödenburg (ungarisch Sopron) könnte genausogut hinter dem Mond sein, denn es ist von der großen Welt völlig abgeschnitten. In einer grauen, monotonen Landschaft liegt es abseits der größeren Verkehrsstraßen; im vorigen Jahrhundert führte nur ein sandiger Landweg dorthin.

Dort wurde Franz Liszt am 22. Oktober 1811 geboren, und dort verbrachte er die ersten neun Jahre seines Lebens. Mit seinem Vater Adam und seiner Mutter Maria Anna bewohnte er das größte Haus des Dorfes – was nicht viel sagt, denn die übrigen Häuser waren kaum mehr als Hütten.

Adam Liszt war der wichtigste Mann am Platz: Verwalter, oder genauer, Rentmeister der fürstlichen Schäferei der Familie Esterházy, die große Domänen in diesem Teil Ungarns besaß. Wie sein Vater vor ihm war Adam Liszt sehr jung in den Dienst der Esterházys getreten. Auf Grund seiner außerordentlichen Tüchtigkeit wurde er aus der Provinz nach Eisenstadt, dem Hauptsitz der regierenden Familie, gerufen. Dort konnte sich der begabte Dilettant seiner größten Leidenschaft, der Musik, widmen: als Violoncellist wirkte er bei den Konzerten mit, die in Eisenstadt und im nahe liegenden Schloß Esterház veranstaltet wurden.

Die Glanzzeit der Esterházyschen Kapelle, als sie unter der Leitung Joseph Haydns stand, der unzählige Kompositionen für sie schrieb und im Laufe seiner dreißigjährigen Amtszeit das kleine Eisenstadt zu einem Weltbegriff machte, hat Adam Liszt allerdings nicht miterlebt. Nach dem Tode des alten Fürsten Nikolaus Joseph Esterházy (1790) wurde Haydn beurlaubt, denn der neue Fürst Paul Anton ließ die Musik fast gänzlich fallen. Doch dessen Nachfolger Nikolaus (1765–1833) setzte die unterbrochene musikalische Tradition fort, wenn auch etwas weniger glanzvoll. 1804 verpflichtete er den berühmten Komponisten und Klaviervirtuosen Johann Nepomuk Hummel als Kapellmeister. Dieser, der schon als Knabe bei Mozart studiert und als Klavier-Wunderkind großes Aufsehen erregt hatte, blieb bis 1811 in Esterház. Außerdem besuchten viele bekannte Künstler den großzügigen, luxusliebenden Fürsten und trugen zum musikalischen Leben des Hofes bei.

Liszts Vater wurde erst 1805 nach Eisenstadt versetzt. Die Behauptung der Liszt-Biographin Lina Ramann (und anderer, die sich an ihre Biographie hielten), Adam Liszt sei mit Haydn befreundet gewesen, scheint sehr fragwürdig. Haydn übersiedelte 1790 nach Wien, und bald zog er sich wegen zunehmender Altersschwäche fast ganz vom aktiven Musikleben zurück. Inwieweit Adam Liszt mit Hummel auf freundschaftlichem Fuße stand, ist nicht festzustellen. Es heißt einerseits, Adam Liszt sei vom Klavierspiel Hummels so beeindruckt gewesen, daß er sich daraufhin ausschließlich dem Klavier widmete, und andererseits, der Eindruck dieses Spiels sei so überwältigend gewesen, daß er das Klavierspiel aufgegeben habe. Wie dem auch sei: Vater Liszt scheint musikalisch begabt gewesen zu sein und wäre gern Berufsmusiker geworden, hätten die Mittel zu einer Ausbildung gereicht. Erst der Sohn verwirklichte die Träume des Vaters.

Indessen verrichtete Adam Liszt seine prosaischen Aufgaben in Eisenstadt mit solchem Erfolg, daß er in der Beamtenhierarchie aufrückte. Er wurde 1810 nach Raiding versetzt, wo er sich jedoch stets nach dem Glanz des Hoflebens zurücksehnte. Er heiratete Maria Anna Lager, Tochter eines Kurzwarenhändlers aus Krems in Niederösterreich, dessen Vorfahren angeblich deutscher Abstammung waren. Im folgenden Jahr – in der Nacht vom 21. auf den 22. Oktober – kam ihr einziges Kind Franz auf die Welt. Es war das Jahr des großen Kometen. Auch in jener Nacht tauchte er auf und setzte die Bevölkerung in Erstaunen. Ein Vorzeichen des Himmels?

Man wüßte gern mehr über Liszts Familie. Damals aber hat man kaum nach Ahnen und Herkunft geforscht, und was über Liszts Vorfahren geschrieben worden ist, stammt meist aus unzuverlässigen Quellen – nicht zuletzt von Liszt selber. Der Wagner-Freund Hans von Wolzogen zum Beispiel schrieb, Liszt habe erklärt, daß seine Familie sich zunächst «List» geschrieben habe; sein Vater habe das «z» eingeschoben, damit der Name in Ungarn richtig ausgesprochen werde. Jedenfalls ist in der Geburtsurkunde des Sohnes der Name noch ohne «z» geschrieben.

Man kann auch lesen, Liszt sei adeliger Herkunft, doch dies läßt sich nicht beweisen. Bei dem Liszt-Biographen Peter Raabe heißt es, seine väterlichen und mütterlichen Vorfahren seien meist Bauern oder Handwerker gewesen. Liszt selber hatte keine sehr hohe Meinung über seine Familie. In einem Brief aus dem Jahre 1851 schrieb er: *Ach, unser Name ist nur zu sehr vernachlässigt, ja sogar bloßgestellt worden durch zahlreiche unserer Verwandten, denen es an Hochherzigkeit, Klugheit und Talent, zuweilen sogar an der Erziehung und an den einfachsten Grundlagen gefehlt hat, ihrer Laufbahn einen höheren Schwung zu geben und Achtung und Ansehen zu erwerben.*[1]*

Zu Hause in Raiding wurde nur Deutsch gesprochen; auch der rudimentäre Unterricht, den der Knabe vom Dorfkaplan erhielt, wurde auf deutsch erteilt. So wuchs Franz auf, ohne die ungarische Sprache gelernt zu haben. Erst im Alter konnte er einige Sätze in dieser ungemein schwierigen Sprache reden. Auch sein Deutsch ging infolge seiner frühen Umsiedlung nach Frankreich bald größtenteils verloren. Von seinem zehnten Lebensjahr an wurde Französisch die Sprache, in der er bis zu seinem Lebensende mit Vorliebe schrieb und sprach.

Da er in einer Gegend geboren wurde, die damals zu Ungarn gehörte, nahm Liszt an, er sei ungarischer Herkunft. Zeitweise meinte er sogar, Zigeunerblut fließe in seinen Adern – eine höchst unwahrscheinliche These, die wohl Liszts Phantasie zuzuschreiben ist. Sollte sie aber zutreffen, so wäre dies eine gewisse Erklärung für seine Ruhelosigkeit und Unbeständigkeit.

Nicht aus bloßer Neugier möchte man mehr über Liszts Abstammung

---

* Die hochgestellten Ziffern verweisen auf die Anmerkungen S. 141 f.

Der Vater: Adam Liszt. Anonymes Gemälde, 1819

und Familie wissen. Bedauerlich ist vor allem das Fehlen von Daten über seine Kindheit. Man kann annehmen, daß uns Kenntnisse dieser Art den Schlüssel zu vielen Verhaltensweisen in seinem späteren Leben liefern würden. Wiederholt wird behauptet, Liszt hätte als Kind begeistert dem Musizieren der Zigeuner gelauscht. Jedoch passen solche Vorstellungen allzugut in die romantische bzw. romantisierte Geschichte seines Lebens, und sie könnten von Liszt selber oder von seiner «offiziellen» Biographin Lina Ramann stammen.

Es wäre auch wichtig, zu wissen, inwieweit Liszts Vater von den Bewohnern Raidings hofiert, umschmeichelt und, zum Schein oder in Wirklichkeit, verehrt wurde und mit ihm auch sein Söhnchen; ob die späteren Allüren des Salonlöwen ihre Wurzeln in Raiding haben und ob der Junge eine annähernd normale Beziehung zu seiner Umwelt hatte. Letzteres ist allerdings zu bezweifeln.

Als Sohn des wichtigsten Mannes im Dorf war er von den anderen Kindern abgesondert. Man darf wohl annehmen – und die späteren Jahre bestätigen es –, daß der junge Franz sich kaum an den Kinderspielen beteiligte und daß er keine intensive Beziehung zur Natur entwickelte. Zeit seines Lebens zeigte Liszt wenig Interesse an ihr, die für ihn nur eine romantische Kulisse war.

*Die Mutter: Maria Anna Liszt, geb. Lager.
Miniatur von L. Demazey, 1832*

Halten wir uns also an die wenigen Dinge, die als Tatsachen betrachtet werden können, und hoffen wir, daß eines Tages mehr Licht auf die Kindheit Liszts fallen wird. Das allerdings könnte nur durch zufällige Entdeckungen geschehen.

Jedenfalls steht fest, daß die Gesundheit des Kindes den Eltern viel Sorge bereitete. Der Liszt-Biograph Julius Kapp zitiert folgende Passage aus Adam Liszts Tagebuch: «Nach der Impfung begann eine Periode, worin der Knabe abwechselnd mit Nervenleiden und Fieber zu kämpfen hatte, die ihn mehrmals in Lebensgefahr brachten. Einmal, in seinem zweiten oder dritten Jahre, hielten wir ihn für tot und ließen seinen Sarg machen. Dieser beunruhigende Zustand dauerte bis in sein sechstes Jahr fort. In seinem sechsten Jahr hörte er mich ein Konzert von Ries in Cis-Moll spielen. Er lehnte sich ans Klavier, war ganz Ohr. Am Abend kam er aus dem Garten zurück und sang das Thema. Wir ließen's ihn wiederholen, er wußte nicht, was er sang: das war das erste Anzeichen seines Genies. Er bat unaufhörlich, mit ihm das Klavierspiel zu beginnen.»[2]

So erhielt der Sechsjährige seinen ersten Klavierunterricht von seinem Vater; bald fing er an zu improvisieren, dann seine erfundenen Melodien aufzuzeichnen. Es sprach sich rasch herum, daß der junge Franz außerordentlich begabt war. Ein blinder Flötist namens Baron Braun kam auf die Idee, den Knaben bei seinem geplanten Konzert in Ödenburg auftreten zu lassen, und dort erschien Liszt im Oktober 1820 zum erstenmal vor der Öffentlichkeit. Er spielte das schwierige Es-Dur-Konzert von Ferdinand Ries und improvisierte mit solchem Erfolg, daß sein Vater sofort ein zweites Konzert organisierte, das den neunjährigen Franz zu einer lokalen Berühmtheit machte.

Adam Liszt verlor daraufhin keine Zeit; was ihm versagt geblieben war, sollte bei seinem Sohn in Erfüllung gehen. Von nun an war er nicht nur Vater, sondern in erster Linie Manager, der alles daransetzte, Franz zu einem Virtuosen zu machen. Er stellte den Knaben dem Fürsten Nikolaus Esterházy vor, der ihm sein Preßburger Palais für ein Sonntags-Konzert zur Verfügung stellte. Dieses Konzert, bei dem der ganze Adel zuhörte, war wiederum ein großer Erfolg, der dazu führte, daß fünf Magnaten die Geldmittel garantierten, die für Franz' weitere Ausbildung nötig waren. Während sechs Jahren sollte er ein jährliches Stipendium von 600 österreichischen Gulden bekommen. Über das Konzert berichtete die «Städtische Preßburger Zeitung»: «Verflossenen Sonntag, am 26. dieses, in der Mittagsstunde hatte der neunjährige Virtuose Franz Liszt die Ehre, sich vor einer zahlreichen Versammlung des hiesigen hohen Adels und mehrerer Kunstfreunde, in der Wohnung des hochgeborenen Grafen Michael Esterházy auf dem Klavier zu produzieren. Die außerordentliche Fertigkeit dieses Künstlers, sowie auch dessen schneller Überblick im Lesen der schwersten Stücke, indem er alles, was man ihm vorlegte, vom Blatt spielte, erregte allgemeine Bewunderung und berechtigt zu den herrlichsten Erwartungen» (28. November 1820).

Adam Liszts Bitte um Entlassung aus den fürstlichen Diensten wurde gewährt. Bis zu seinem frühen Lebensende hatte er nunmehr eine einzige Aufgabe: die Ausbildung und Förderung seines Sohnes. Zunächst dachte man daran, nach Weimar zu gehen, wo Hummel inzwischen Hofkapellmeister geworden war. Dieser «alte Freund» jedoch verlangte ein unerschwinglich hohes Honorar, und Adam Liszt entschloß sich, die Lehrerfrage in Wien zu lösen. (Erst viele Jahre später wird Weimar eine Rolle in Liszts Leben spielen.)

So gingen die «unbeschwerten Kinderjahre» – wie Lina Ramann sich ausdrückt – zu Ende. Dem Neunjährigen war das Ziel schon gesetzt, der Weg zur Karriere bestimmt. Wohl hat sich Franz vor- und nachher wie ein Kind benommen; zeitgenössische Quellen berichten über seine Offenheit, seine Frische und seine Unverdorbenheit. Aber seit seinem sechsten Lebensjahr, und erst recht nach dem Preßburger Konzert, war es eine Kindheit, die fast ausschließlich um die Musik kreiste.

An einer allgemeinen Ausbildung fehlte es ihm fast ganz; nur lesen, schreiben und rechnen hat der Junge gelernt. Das Übrige mußte Liszt in späteren Jahren nachholen. An seinen Sohn Daniel schrieb er 1854:

Man hat später gut schaffen und arbeiten – denen, die nicht regelrechte Schulstudien durchgemacht haben, mangelt immer ein gewisser Fonds, der leicht flüssig gemacht werden kann, und noch jetzt bedauere ich oft, daß ich es versäumt habe, nach dem Tode meines Vaters strenge Unter-

richtskurse durchzumachen. Aber einerseits kannte ich niemand, der imstande gewesen wäre, mir mit der Überlegenheit und Einsicht zu raten, die nötig ist, wenn der Rat von einem lebhaften Geiste befolgt werden soll, und andererseits war ich seit meinem zwölften Jahre genötigt, für meinen und meiner Eltern Unterhalt zu sorgen. Dazu mußte ich musikalische Studien machen, die meine ganze Zeit in Anspruch nahmen bis zum sechzehnten Jahre, in dem ich begann, im Klavierspiel und sogar in der Harmonielehre und im Kontrapunkt Unterricht zu erteilen und mich in den Salons und Konzertsälen wohl oder übel als Virtuos hören zu lassen. Es gelang mir in der Tat ziemlich rasch, eine leidlich einträgliche Stellung und künstlerischen Ruf zu erwerben. Wertvoller wäre es freilich für mich gewesen, wenn ich damals meinen Geist regelrecht ausgebildet und mein Wissen mehr dem der hervorragenden Männer angepaßt hätte, mit denen ich trotz meiner Jugend in Verkehr trat und von denen mich einige ihrer Freundschaft würdigten. Das hat mich veranlaßt, über viele Fragen nachzudenken, den Mangel planmäßiger Studien so gut ich konnte durch Lesen auszugleichen und mich vielleicht auch vor manchen meiner Fachgenossen auszuzeichnen, die auf nichts anderes bedacht sind als auf ihre Sechzehntelnoten und den gewöhnlichen Verlauf ihres Philisterlebens.[3]

Alle Achtung vor dem, der seine eigenen Mängel so aufrichtig erkennt und bedauert, statt sie zu vertuschen. Das aber ändert nichts an der Tatsache, daß gerade das Fehlen einer regelmäßigen und umfassenden Ausbildung ein gewaltiges Hindernis für Liszt bedeutete – vor allem später, als er die Virtuosenlaufbahn aufgab und sich mit geistigen Problemen auseinandersetzte. Es erklärt ebenfalls seine Naivität und Urteilsunfähigkeit, die immer wieder auffallen.

Ein Aspekt der Kindheit Liszts, über den es wenige Zeugnisse gibt, bleibt noch zu erwähnen: nämlich seine Religiosität und sein Hang zum Mystizismus. Manche Autoren haben Liszt als «halb-Mephisto, halb-Franziskaner» bzw. eine Mischung aus Don Juan und einem Heiligen beschrieben. Gewiß liegen solche Vergleiche auf der Hand und entsprechen den widerspruchsvollen Handlungen und Geschehnissen seines rätselhaften Lebens. Sie basieren aber auf Äußerlichkeiten und sind zu schematisch, um wahre Einsichten zu ermöglichen. Im Gegenteil, sie erschweren einen tieferen Einblick in den Charakter Liszts, eben weil sie solch grobe Vergleiche heranziehen und dadurch von der Eigentümlichkeit und Einmaligkeit seiner Persönlichkeit ablenken. Und schließlich sind sie viel zu einfach, als daß sie helfen könnten, ein so kompliziertes Naturell zu entziffern.

Die moderne Psychologie hat eindeutig demonstriert, was man schon lange geahnt und instinktiv gewußt hat: daß nämlich die Kinderjahre maßgebend sind für die künftige Persönlichkeit und daß manches, was im Leben eines Erwachsenen geschieht, auf diese Kindheitserlebnisse zurückzuführen ist. Man darf vermuten, daß Liszts Religiosität, die manchmal fast krankhafte Ausmaße annahm, in Kindheitserfahrungen der Raidinger Zeit wurzelt. Interessanterweise ist es die schwärmerische Lina Ramann, die uns da einen Hinweis gibt. Aus dem ersten Band ihrer

*Das Schloß Esterház in Eisenstadt (Kismarton).
Stich von Rohrich nach L. Rohbeck*

Liszt-Biographie zitieren wir einige Passagen, nicht nur des Inhalts wegen, sondern auch als kleine Kostprobe ihres Stils:

«Beide Eltern waren katholisch und hielten die Gebräuche ihrer Kirche; beide gottesfürchtig, aber ohne Bigotterie. Ein fester Glaube an die Vorsehung und an die himmlische Fügung des menschlichen Geschicks lebte in beider Gemüth und vererbte sich mit den Grundzügen des Wesens beider auf ihren Sohn.

Insbesondere bewegte sich die Lebensanschauung der Mutter auf religiösem Boden, die Adam Liszt's hielt Religion und Leben mehr auseinander, bei ihr flossen beide zusammen. Sie war gläubig, kindlich gläubig...»[4]

«Religion und Musik: sie gaben seinem Kinderherzen Eindrücke, Stimmungseindrücke, poetischer und stärker als ein weniger abgeschlossenes Leben sie ihm je hätte geben können.

Die religiösen Stimmungen brachen sich zuerst Bahn. Wenn die Sonne schied und das einzige Glöckchen der kleinen Dorfkirche seinen Ave-Maria-Ruf durch die Lüfte sandte, da entfiel mitten im Spiel seinen kleinen Händen das Spielzeug; eifrig falteten sie sich und das Gebet auf seinen kindlichen Lippen floß. Und wenn er Sonntag und an Festtagen der Eltern Kirchgang begleitete, der Gesang aus dem Kirchlein ihnen entgegentönte und an dem in Weihrauchwolken gehüllten Altar der Priester im geblümten Meßgewand stand, das Hochamt celebrierend und die heiligen Ceremonien leitend, überliefen seine jugendliche Seele Schauer des Wunderbaren und Mystischen und die ärmliche Musik machte ihn erbeben.

Nach solchen Eindrücken war er meist still, aber seine Augen glühten wie im Fieber.»⁵

Noch eine letzte Bemerkung über die Raidinger Jahre. Lina Ramann und ihre unzähligen Nachschreiber wollen das weitere Leben Liszts als natürliche Fortsetzung seiner Kindheitserlebnisse verstehen: Musik, Religion, Zigeunerpoesie. «So verstrich seine erste Lebensepoche in Einfachheit und ungetrübter Poesie»⁶, schreibt Lina Ramann. Kaum jemand ist auf den Gedanken gekommen, daß vieles in Liszts späterem Leben eine aus dem Unterbewußtsein kommende Reaktion gegen Raiding gewesen sein könnte, ein Protest gegen die Bedeutungslosigkeit seiner Eltern und Familie, gegen die kleinbürgerliche Atmosphäre und Denkungsart seiner Umgebung, gegen die friedvolle Stille des häuslichen Lebens, gegen die strengen moralischen Grundsätze, denen man blindlings zu gehorchen hatte, und nicht zuletzt gegen die vermutlich unbestrittene Tugend des Maßhaltens.

Doch wie viele Dinge, Attitüden und scheinbare Widersprüche in Liszts Leben ließen sich dadurch erklären! Einige fallen besonders stark auf: seine lebenslange Vorliebe für die Aristokratie, seine naive Freude an den Orden und Dekorationen, mit denen er überschüttet wurde, sein Hang zum Verschwenderischen, seine Mißachtung der öffentlichen Moral, seine Liebe zu Städten mit einem regen gesellschaftlichen Leben, seine «adelige» Haltung, seine Gier nach Bildung und Wissen.

Der englische Musikwissenschaftler Ernest Newman sieht in Liszt einen Schauspieler, und er zieht aus dieser These Konsequenzen, die Liszt in einem wenig schmeichelhaften Licht zeigen. Er scheint der Meinung zu sein, Liszt habe bewußt die verschiedenen Rollen gespielt, die er, Newman, ihm zuschreibt. Man kann diesen Zug von Liszts Charakter nicht ganz von der Hand weisen. Doch ist er besser zu verstehen, wenn man die Möglichkeit in Betracht zieht, er könne eine Art Kompensation für seine frühen Jahre darstellen.

Diese Annahme lindert den Eindruck der Albernheit, die manche Handlungen Liszts erwecken, wie zum Beispiel seine kindische Freude an der Säbel-Zeremonie in Pest, die in Pariser Kreisen mit Spott quittiert wurde; oder seine intensiven Bemühungen, die kaiserliche Bewilligung eines Adelsbriefes zu bekommen; oder wenn er in einem Brief vom 12. Februar 1840 an Marie d'Agoult schreibt: *Das ganze weibliche und aristokratische Publikum ist überall für mich, und zwar glühend und heftig. Damit kommt man weit.*⁷

Als sie noch eng mit Liszt verbunden war, hat die Gräfin d'Agoult solche Dinge übersehen. Diesmal aber konnte sie nicht umhin, ihm eine kleine Rüge zu erteilen: «Was Sie auf Ihr Bild an Schwarzenberg geschrieben haben, gefällt mir nicht sehr. In Deutschland können Sie sich das erlauben, aber hier müssen Sie sich vor derartigen Dingen hüten. Über den Säbel und den Adel hat man sehr gelacht. Man glaubt, Sie seien von Ihren Erfolgen sehr geschwollen. Sie müssen also soviel wie möglich den Gutmütigen spielen.»⁸

Nach ihrer Trennung war die Gräfin weniger zurückhaltend. Aber das gehört zu einem anderen Kapitel.

LEHRJAHRE

Fast zwei Jahre lang blieb die Familie in Wien, während Franz die musikalischen Grundlagen erwarb, die für sein ganzes weiteres Leben ausreichen mußten. Er hatte das große Glück, den damals dreißigjährigen Carl Czerny als Lehrmeister zu bekommen, der neben Hummel der angesehenste Pianist jener Zeit war. Theoretischen Unterricht erhielt er von dem damals zweiundsiebzigjährigen Antonio Salieri, unter dessen Auf-

Wiener Konzertprogramm vom 13. April 1823

Liszt im Jahre 1824.
Lithographie von Villain nach A. X. Leprince

sicht er verschiedene Kompositionen schrieb. Czerny war von dem jungen Franz so begeistert, daß er das vereinbarte Honorar zurückwies. Über den Unterricht schrieb Czerny: «Die unveränderliche Munterkeit und gute Laune des Knaben nebst der so außerordentlichen Entwicklung seines Talentes bewirkte, daß meine Eltern ihn wie ihren Sohn, ich wie einen Bruder liebte, und nicht nur, daß ich ihn völlig unentgeltlich unterrichtete, sondern ich auch alle ihm nötigen Musikalien beschaffte, die so ziemlich in allem Guten und Brauchbaren bestanden, was bis zu jener Zeit existierte. Ein Jahr später konnte ich ihn schon öffentlich spielen lassen. Nie hatte ich einen so eifrigen, genievollen und fleißigen Schüler gehabt.»[9]

Zunächst spielte das Wunderkind bei musikalischen Soireen des österreichischen Adels, und am 1. Dezember 1822 gab es sein erstes öffentliches Konzert. Der Erfolg war so groß, daß weitere Konzerte folgten. Es gelang Adam Liszt, mit Hilfe von Beethovens Sekretär und Vertrautem Anton Schindler, den großen Meister zu bewegen, einem Konzert im Redoutensaal beizuwohnen. Tief berührt stieg Beethoven aufs Podium und küßte den Zwölfjährigen auf die Stirn, während das Publikum jubelte.

Von nun an verbreitete sich der Ruhm des Wunderkindes durch ganz Europa. Seine Konzerte brachten nun beachtliche Geldsummen ein. Zu Recht oder Unrecht beschloß Adam Liszt, seinen Sohn in Paris ausbilden zu lassen, und im Herbst 1823 zog die Familie von Wien nach Paris. Unterwegs trat Franz in München, Augsburg, Stuttgart und Straßburg auf – jedesmal mit durchschlagendem Erfolg. In einer Zeitung hieß es sogar: «Ein neuer Mozart ist uns erschienen.» Am 11. Dezember traf Franz als eine Berühmtheit in Paris ein.

Ob es klug war, Paris zu wählen, muß reine Spekulation bleiben. Sicher ist, daß dieser Entschluß weitreichende Folgen hatte und die weitere Laufbahn von Franz bestimmte. Er versetzte den Zwölfjährigen in eine neue Welt, die zu seiner Welt werden sollte, und machte aus dem Deutsch sprechenden Ungarn einen waschechten Franzosen, der sich später zu einem ebenso echten Kosmopoliten entwickelte.

DAS WUNDERKIND

Der Hauptgrund für die Übersiedlung nach Paris war die Fortbildung von Franz in der Komposition. Er wollte sich am berühmten Conservatoire einschreiben lassen, doch dies wurde ihm verweigert, weil er nicht Franzose war. Ironischerweise war es der gebürtige Italiener Luigi Cherubini, der – als Direktor des Konservatoriums – ihm diese Mitteilung machte. Liszt hat später die Szene bei Cherubini in dramatisch-pathetischem Stil geschildert. Zum Schluß heißt es: *Ich bebe an allen Gliedern. Nichtsdestoweniger verharrte, flehte mein Vater; seine Stimme belebte meinen Mut, und ich versuchte ebenfalls einige Worte zu stammeln. Allein das Reglement war unerbittlich – und ich untröstlich. Alles schien mir verloren, selbst die Ehre, und ich glaubte an keine Hilfe mehr. Mein Klagen und Seufzen wollte gar nicht enden. Die Wunde war zu tief und blutete noch lange Zeit fort.*[10]

Es war wohl kein Unglück, daß Liszt den starren, akademischen Lehrgang des Conservatoire nicht durchzumachen hatte. Statt dessen studierte er Musiktheorie bei dem aus Italien gebürtigen Kapellmeister und Komponisten Ferdinando Paer und etwas später (1826) bei dem Tschechen Antonín Reicha, der auch am Konservatorium Komposition lehrte. Die kuriose Tatsache, daß Liszt in all seinen Briefen und Schriften diese beiden Lehrer nicht einmal erwähnt, deutet darauf hin, daß sie keinerlei Einfluß auf ihn und seine Musik hatten. Wohl aber verhalfen sie ihm zu technischer Fertigkeit. Klavierunterricht nahm Liszt nun keinen mehr.

Die vielen Empfehlungsbriefe, die Adam Liszt aus Ungarn und Wien mitgebracht hatte, öffneten ihm viele Tore in der Pariser Gesellschaft, und

Theaterzettel der Uraufführung

bald war Franz ein begehrtes Zierstück der vornehmen Salons. Einem großen öffentlichen Konzert im königlichen Opherntheater (März 1824) folgten andere, die die Begeisterung für «Le petit Liszt» noch steigerten. Er war nun das allgemeine Gesprächsthema der Stadt; sein Bild wurde in Schaufenstern ausgestellt, seine Einnahmen wuchsen ständig. Sein Manager-Vater war von den Ereignissen begeistert, wie einer seiner Briefe nach Eisenstadt offenbart: «Dieses Konzert war ein öffentlicher Triumph für meinen Buben; sobald er auftrat, war des Applaudierens kein Ende; nach jeder Pause sprach sich der Enthusiasmus in lebhaftester Bewunderung aus, nach jedem Stück wurde er zwei- und dreimal gerufen und applaudiert ... Schon vorher beschäftigten sich die Zeitungen damit, das Talent meines Buben zu erheben; allein nach dem Konzert war es außerordentlich, und stelle Dir vor, am 9. März wetteiferten 14 Journalisten, über das Talent zu schreiben und noch ist kein Ende. Man nennt ihn allgemein das Wunderkind, den in Jünglingsgestalt neu erstandenen Mozart. Freund! Weißt, was ich zu allem diesen sage? Ich weine – und aufrichtig Dir gesagt, seine Phantasie am Klavier ist wirklich außerordentlich und dieses ist's eben, was die Herren und Damen in Paris zum höchsten Grad des Erstaunens und der Bewunderung bringt. Und stelle Dir vor, wir gehen fast jeden Tag in Gesellschaften, überall wird nur phantasiert, improvisiert und über aufgegebene Themen gespielt und dennoch bekennen alle einstimmig, daß sie ihn stets neu spielen hören. Auch hat er hier schon mehrere Sachen fürs Klavier und Gesang geschrieben, die man immer zu hören wünscht und die man mir recht gut bezahlen wollte; allein ich hoffe, eine bessere Spekulation in London damit zu machen.»[11]

Unter der Protektion des Klavierfabrikanten Sébastien Érard reisten Franz und sein Vater im Mai 1824 nach England, wo sich dieselben Triumphe wiederholten. Auch spielte das Wunderkind vor König Georg IV., der ihm hohes Lob spendete und ihn über Moscheles, Cramer, Kalkbrenner und die anderen Klaviervirtuosen stellte.

Wieder in Paris schreibt der nun Vierzehnjährige eine einaktige Oper *Don Sancho*, die im Oktober 1825 in der Grand Opéra unter der Leitung von Rodolphe Kreutzer aufgeführt wurde. Wegen der harmlosdürftigen Handlung, aber wohl auch wegen der Musik, hatte dieser einzige Opern-Versuch Liszts wenig Erfolg. Nach drei Aufführungen verschwand *Don Sancho* vom Spielplan.

In den darauffolgenden Jahren 1825 bis 1827 unternahm Liszt zwei Konzertreisen durch England, zwei durch die französischen Provinzen und eine durch die Schweiz, immer mit großem Erfolg. Im Mai 1827 begaben sich Vater und Sohn (die Mutter war nach Österreich zurückgekehrt) auf ärztliche Empfehlung nach Boulogne-sur-Mer, um sich von den ungeheuren Strapazen der letzten Jahre zu erholen.

Franz war nicht nur überanstrengt von dem vielen Reisen und Konzertieren, er litt auch, mehr noch als es ohnehin in den Pubertätsjahren üblich ist, unter seelischen Problemen. Es bahnte sich die erste seiner religiösen Krisen an. Instinktiv empfand er die Leere des ständigen Herumreisens und des Sich-zur-Schau-Stellens. Er lehnte sich – nicht zum letztenmal – gegen die Virtuosengaukelei auf und wurde mürrisch und launisch. Er suchte Trost in der Kirche, und fast täglich besuchten Vater und Sohn die Messe. Doch das genügte dem des Lebens Überdrüssigen nicht; stundenlang las er in der Bibel, vertiefte sich in asketische Bücher wie «Die Nachfolge Christi» von Thomas a Kempis und studierte das Leben der Heiligen. Als er seinem Vater den inbrünstigen Wunsch vortrug, Priester zu werden, wurde Adam Liszt hart: Mit dem Hinweis, Franz gehöre der Kunst, nicht der Kirche, entzog er dem Knaben alle geistliche Lektüre. Natürlich las Franz sie im Verborgenen weiterhin. Adam Liszt war anscheinend nicht in der Lage, die Schwärmerei seines Sohnes zu verstehen oder ihr intelligent entgegenzuwirken. Überhaupt waren die Beziehungen zwischen Vater und Sohn während der ganzen letzten Jahre gespannt. Der Vater befahl, der Sohn beugte sich, aber widerwillig.

In Boulogne-sur-Mer wurde Adam Liszt plötzlich von einem gastritischen Fieber befallen; drei Tage danach ist er daran gestorben. Später schrieb Franz Liszt: *Auf seinem Totenbette in Boulogne sagte mir mein Vater, daß ich ein gutes Herz und Verstand besäße, aber daß er fürchte, daß die Frauen mein Leben verwirren und mich beherrschen würden. Diese Vermutung war sonderbar, denn ich hatte mit 16 Jahren noch keine Ahnung, was ein Weib ist, und bat treuherzig meinen Beichtvater, mir das 6. und 9. Gebot zu erklären, da ich fürchtete, sie vielleicht unbewußt übertreten zu haben.*[12]

KLAVIERLEHRER IN PARIS

In hohem Alter schrieb Liszt an Lina Ramann, die seine Biographie verfaßte und der er sonst mündlich berichtete: *Mein geringfügiger Lebenswandel in Noten, Spielen und Schreiben zertheilt sich unclassisch, wie eine classische Tragödie, in fünf Acten.*

Den ersten Akt beschloß er mit dem Tod seines Vaters, den er irrtümlich in das Jahr 1828 verlegt. Der zweite Akt umfaßt die Periode 1830 bis 1838. Aus irgendwelchen Gründen ließ er die Jahre nach dem Tod des Vaters bis 1830 völlig aus. Nach der Freudschen Theorie wäre dies sehr gut verständlich, denn es waren bittere Jahre, die er sicherlich gern vergessen wollte.

In Boulogne sorgte Liszt für die Bestattung seines Vaters. Danach ging er zurück nach Paris und fing an, Klavierunterricht zu geben. Sein Ruhm brachte ihm bald eine große Anzahl von Schülern aus den besten Kreisen ein. Wie es ihm damals zumute war, schildert der öffentliche Brief vom Januar 1837 an George Sand:

Als der Tod mir den Vater geraubt und ich allein nach Paris zurückgekehrt war und zu ahnen begann, was die Kunst werden könnte, was der Künstler werden müßte, war ich wie erdrückt von den Unmöglichkeiten, welche sich auf allen Seiten dem Wege entgegenstellten, den sich mein Gedanke vorgezeichnet hatte. Überdies nirgends ein sympathisches Wort des Gleichgesinntseins findend – nicht unter den Weltleuten und noch weniger unter den Künstlern, die in bequemer Gleichgültigkeit dahinschlummerten, die nichts von mir und nichts von den Zielen wußten, die ich mir gestellt, nichts von den Fähigkeiten, die mir zuerteilt waren – überkam mich ein bitterer Widerwille gegen die Kunst, wie ich sie vor mir sah, erniedrigt zum mehr oder minder einträglichen Handwerk, gestempelt zur Unterhaltungsquelle vornehmer Gesellschaft. Ich hätte alles in der Welt lieber sein mögen als Musiker im Solde großer Herren, patronisiert und bezahlt von ihnen wie ein Jongleur. Um diese Zeit machte ich eine Krankheit von zwei Jahren durch, während welcher mein ungestümes Bedürfnis des Glaubens und der Hingabe sich an die ernsten Übungen des Katholizismus verlor. Meine brennende Stirn beugte sich über die feuchten Stufen von Saint Vincent de Paule! ... Entsagung alles Irdischen war der einzige Hebel, das einzige Wort meines Lebens.[13]

Selbst wenn Liszt diesen für die Öffentlichkeit bestimmten Brief, der in der «Gazette Musicale de Paris» gedruckt wurde, nicht selber verfaßt hat (Marie d'Agoult ist wohl der eigentliche Urheber), hat er gewiß den Inhalt angegeben und das Manuskript durchgesehen. Wenn wir vom Stil und vom innewohnenden Eigenlob absehen, bleibt doch ein glaubwürdiges Bild seiner Verfassung in jener Zeit – einer Verfassung, die einer anderen weichen wird, um dann später wiederaufzutauchen.

Es ist keineswegs verwunderlich, daß Liszt damals niedergeschlagen war. Sein Vater hatte sich um alle Details des täglichen Lebens gekümmert und den Ablauf der Tage gelenkt. Der Sechzehnjährige war in jeder Hinsicht unerfahren; er hatte Klavier gespielt, Musik geschrieben und

Liszt, 1827

höfliche Konversation gemacht. Nun mußte er für sich und seine Mutter sorgen, die er sofort nach Paris kommen ließ.

Von all den Geschehnissen dieser verworrenen Periode in Liszts Leben ist die Liebesgeschichte mit Caroline de Saint-Cricq am schwersten zu deuten. Das schöne siebzehnjährige Mädchen, Tochter des Grafen de Saint-Cricq, Ministers des Innern, zählte zu Liszts Schülerinnen. Die Klavierstunden dehnten sich immer mehr aus, und die beiden verliebten sich ineinander. Es blieb anscheinend eine völlig unschuldige Liebe; bis in die Abendstunden wurde über Musik gesprochen und auch über Literatur, deren Schönheiten Liszt wohl zum erstenmal durch Caroline entdeckt hat. Die kränkliche Gräfin sah die gegenseitige Zuneigung mit Wohlwollen wachsen und soll ihren Gatten gebeten haben, einer Vereinigung nicht im Wege zu stehen. Nach ihrem Tod aber rief der Graf den Klavierlehrer zu sich und erklärte ihm mit höflicher Kälte, daß der Standesunterschied jegliche Verbindung ausschließe.

Diese Demütigung hat den jungen Künstler zutiefst erschüttert. Nie zuvor hatte er derlei erlebt, und niemals hat er die Erniedrigung vergessen oder überwunden. Wohl hat er Caroline geliebt, wie man eben mit siebzehn Jahren liebt. Ob aber eine Ehe mit *der reinsten Offenbarung des göttlichen Segens auf Erde* – so nannte Liszt Caroline in einem Brief aus dem Jahre 1872 – harmonisch gewesen wäre, ist keineswegs so sicher, wie die meisten Biographen annehmen. Ebenso zweifelhaft ist Julius Kapps Behauptung: «Hätte Liszt damals das über alles geliebte Wesen, das ihm noch sein ganzes Leben hindurch als das Ideal der Weiblichkeit vorschwebte, das er nie vergaß, sogar in seinem Testament 1860 noch bedacht hat, nicht verloren, so wäre ihm wohl manches tragische Lebensschicksal erspart geblieben.»[14]

Peter Raabe kommt der Sache näher, wenn er schreibt: «Liszt war gerade in bezug auf den Verkehr mit den höchsten Adeligen von früher Jugend an verwöhnt. Er hatte Könige, Fürsten, hochgestellte Männer und Frauen aller Art durch seine Kunst entzückt, das leichte Handhaben der Umgangsformen war ihm ebenso angeboren wie ein unfehlbares Taktgefühl, und bei aller Bescheidenheit hat er immer gewußt, wer er war. Deswegen mußte der Gedanke etwas Empörendes für ihn haben, daß seine Abstammung von einer einfachen Familie es rechtfertigen könnte, ihn der adeligen Gesellschaft nicht völlig gleichzustellen. So ist es denkbar und wahrscheinlich, daß die Betonung der Standesunterschiede, die bei dem erzwungenen Bruch mit Caroline de St. Cricq unzweifelhaft eine Rolle gespielt hat, den reizbaren, seines Wertes bewußten jungen Liszt in die Raserei versetzt hat, die Goethe an Werther schildert, als dieser um seiner bürgerlichen Herkunft willen aus der Gesellschaft des Grafen weggeschickt worden war.»[15]

Wiederum wollte Liszt der Welt entsagen und Priester werden. Diesmal war es seine Mutter, die ihn davon abhielt; nach eigener Angabe trat er ihr zuliebe nicht in das Seminar ein, denn ihr aufrichtiger kindlicher Glaube hielt seine Berufung zum Priestertum nicht für notwendig. Ihretwegen sei er daher weltlich geblieben und hat nur zu weltlich gelebt.

Liszt fiel in eine tiefe Apathie und gab seine Lehrstunden auf. Da er monatelang nirgends gesehen wurde, wähnte man ihn tot; im «Étoile» erschien sogar ein Nekrolog. Doch allmählich raffte er sich wieder auf und begann, gierig und ziemlich wahllos zu lesen. Die Lücken in seiner Bildung und in seinem Wissen wurden ihm nun bewußt, und sie plagten ihn sein ganzes Leben lang. Er bat einen Advokaten: «Lehren Sie mich die ganze französische Literatur», worauf dieser meinte: «Es scheint eine große Begriffsverwirrung im Kopf des jungen Mannes zu herrschen!» Kein Wunder, denn Liszt verschlang ein Buch nach dem anderen, nur auf seine spontanen Reaktionen angewiesen: Voltaire, Chateaubriand, Pascal, Kant, Montaigne, Victor Hugo, Rousseau – eine wahllose Lektüre, die sicherlich mehr Konfusion als Aufklärung bewirkte.

Der Ausbruch der Juli-Revolution von 1830 rüttelte ihn endgültig aus seiner Apathie. Ohne genau zu verstehen, um was es eigentlich ging, wird Liszt für kurze Zeit zum Revolutionär. Er entwirft eine *Revolutions-Symphonie* nach dem schlechten Modell von Beethovens «Schlacht bei Vittoria». Merkwürdigerweise wollte er auch zwei ausgesprochen protestantische Melodien einbeziehen: ein Hussitenlied und den Luther-Choral «Ein feste Burg». Ein regelrechtes Programm (Angriff, Schlacht usw.) lag dem Stück zugrunde. Diese «Revolutions-Symphonie» wäre Liszts erster Versuch auf einem Gebiet gewesen, in dem er später Bahnbrechendes leistete. Zum Glück aber blieb es bei der Skizze, denn sicherlich hätte das Werk genauso wenig künstlerischen Wert besessen wie «Die Schlacht bei Vittoria» oder Béla Bartóks jugendliche «Kossuth-Symphonie». Später hat Liszt einen Teil der Skizzen in seiner symphonischen Dichtung *Héroïde funèbre* verwendet.

Unter den diversen Kompositionen, die Liszt bis 1830 geschrieben hat, ist nur die *Étude en 48 exercises dans tous les tons majeurs et mineurs* (1827) von Interesse. Das Werk wurde offensichtlich nach den Bachschen 48 Präludien und Fugen konzipiert, aber nur zwölf Etüden kamen zustande. Diese interessieren hauptsächlich deshalb, weil Liszt

«Die Freiheit führt das Volk». *Gemälde von Eugène Delacroix. Paris, Louvre*

Skizze der unvollendeten «Revolutions»-Symphonie

sie später noch zweimal umgearbeitet hat: einmal in den *Grandes Études* (1838) und später in den *Études d'exécution transcendante* (1851). Der Vergleich der drei Fassungen ist vor allem deswegen faszinierend, weil dabei die ungeheure klaviertechnische Entwicklung des jungen Liszt innerhalb eines Jahrzehnts klar zutage tritt. Die Version von 1827 bleibt im großen und ganzen dem Klavierstil Czernys nahe, obwohl man auch hier einigen Passagen begegnet, die dem romantischen Klavierstil eines Chopin ähneln. Die zweite Version offenbart eine völlig neue, brillante Technik, welche Klänge und Effekte aus dem Klavier herausholt, die Liszts Phantasie und Gefühl für das Instrument entspringen. Die technischen Unterschiede zwischen der zweiten und dritten Fassung sind weniger groß. Zu bemerken ist, daß die Stücke der ersten zwei Versionen nur Nummern tragen; in der dritten werden sie – mit zwei Ausnahmen – mit Titeln versehen.

DER SALONLÖWE

Nach dieser langen Periode der Apathie und des einsamen Grübelns wandte sich Liszt der großen Welt zu. Er war nun nicht mehr ganz der Jüngling, den die erste, unglückliche Liebe so kleinmütig gemacht hatte; er war ein junger Mann. Das viele, wenn auch planlose Lesen hatte ihm neue Perspektiven eröffnet, neue Ideen erschlossen, die allerdings oft in direktem Widerspruch nicht nur zueinander standen, sondern auch zu dem, was er bisher gekannt und geglaubt hatte. Es war nicht leicht, all diese Ideen und Anregungen zu verarbeiten; sie hatten aber die heilsame Wirkung, daß er nun für viele Jahre von seinen religiösen Phantastereien geheilt war. Er sympathisierte jetzt mit Anschauungen, die an die Ketzerei grenzten; sein Freund und offizieller Beichtvater, der Abbé Félicité Robert de Lamennais, war ja wegen seiner unorthodoxen Ansichten vom Papst aus der Kirche verbannt worden.

Einen großen Einfluß auf Liszt in diesen Jahren übte auch die Philosophie der Saint-Simonisten aus. Ohne Mitglied dieser Sekte zu werden, verkehrte er häufig mit deren Anhängern und bejahte ihre für die damalige Zeit sehr fortschrittlichen sozialen Lehren.

Auf dem musikalischen Gebiet fand er festeren Boden als auf dem philosophischen. Im März 1831 trat zum erstenmal in Paris der große Violinvirtuose Niccolò Paganini auf; er kam in den folgenden zwei Jahren wieder. Für Liszt, der noch keine bestimmte musikalische Richtung verfolgte, war Paganinis erstes Konzert eine Offenbarung. An einen Freund schrieb er: *Welch ein Mann, welch eine Geige, welch ein Künstler! O Gott, was für Qualen, für Elend, für Marter, in diesen vier Saiten!... Und sein Ausdruck, seine Art zu phrasieren, und endlich seine Seele!* [16]

Nun wurde es Liszts Ziel, das aus dem Klavier herauszuholen, was Paganini mit der Geige erreichte. Nicht nur die technische Brillanz Paganinis hat Liszts tiefe Bewunderung hervorgerufen, sondern das, was der geniale Geiger mit Hilfe dieser seiner Technik bewirkte. Man kann sich post facto nicht vorstellen, wie Paganinis Spiel damals klang, nicht einmal, wenn man die beinahe hysterischen Kritiken und Beschreibungen aus jener Periode liest. Eines aber steht fest. Es war nicht nur der musikalische Effekt, der das Publikum zum Rasen brachte, sondern eine Art Magie, die in Paganinis Spiel, in seiner Erscheinung lag und die jeden im Bann hielt. Diese Seite des «Hexenmeisters», wie man Paganini oft nannte, hatte eigentlich wenig mit der Musik als solcher zu tun.

Liszt scheint sofort begriffen zu haben, daß auch er solche Eigenschaften besaß, die weder gelehrt noch gelernt werden können, die gewissermaßen mit der angeborenen Fähigkeit zum Hypnotisieren verwandt sind.

Sein Ziel war nunmehr klar: Er wollte der Paganini des Klaviers werden. Er erkannte ebenfalls, daß die blendende Technik eine wesentliche Rolle spielt. So machte er sich daran, diese zu entwickeln. In einem Brief schrieb er: *Homer, die Bibel, Plato, Locke, Byron, Hugo, Lamartine, Chateaubriand, Beethoven, Bach, Hummel, Mozart, Weber sind alle um mich herum. Ich studiere sie, ich denke über sie nach, ich verschlinge sie mit Feuereifer: im übrigen übe ich vier, fünf Stunden (Triolen, Sechstolen, Oktaven, Tremolos, Tonwiederholungen, Kadenzen usw.). Ach! Wenn ich nicht verrückt werde, wirst Du einen Künstler in mir wiederfinden! Ja, einen Künstler, so wie Du ihn verlangst, so wie er heute sein muß!* [17]

Liszts Beziehung zu Paganini und der Einfluß des Geigers auf den Pianisten sind oft behandelt und häufig entstellt worden. Die einen versuchten Liszt zu schmälern und warfen ihm vor, er habe einen «Scharlatan» imitiert; die anderen wollten Liszt überhöhen, indem sie darauf hinwiesen, daß er aus einem «wertlosen Rohstoff edles Metall» zu formen vermochte. Weder die eine noch die andere Ansicht ist annehmbar. Peter Raabe hat die wahren Verhältnisse treffend geschildert, als er sagte, es sei Liszt nie eingefallen, Paganini nachahmen zu wollen. «Wenn er das gewollt hätte, wäre er sofort auf Reisen gegangen, als er seine Technik auf die Höhe von Paganinis Fertigkeit gebracht hatte. Aber er sagte sich: wenn eine schöpferische Bereicherung der G e i g e ntechnik den Spieler in den Stand setzte, sein eigenes Wesen so vollkommen auszudrücken, wie es bei Paganini der Fall war, so mußte ein Klavierspieler, der Ähnliches unternahm, noch viel Größeres erreichen können. Liszt hat sich bei aller Bewunderung für Paganini nie darüber getäuscht, daß dessen Wesen, wie es sich in seinem Spiel offenbarte, trotz allem Reiz, den es ausübte, doch nichts Tiefes und nichts Gutes war. Paganini blieb stets ein ungebildeter, eitler Virtuos, dessen Geiz, Mädchenjägerei und Gewissenlosigkeit ihn von einem öffentlichen Skandal zum anderen führten. Wie mußten die technischen Errungenschaften dieses Mannes im Dienste der Kunst erst ausgenutzt werden können, wenn an die Stelle von Paganinis Wüstheit edles Wesen und freier Geist trat! Hier sah Liszt eine Aufgabe, die seiner würdig war – mehr noch, die von allen lebenden Menschen er allein zu lösen vermochte. Jetzt hatte er begriffen, welche Stellung in dem allgemeinen Streben nach vorwärts dem ausübenden Musiker zufiel, und jetzt ging er ohne Zögern ans Werk, ein Künstler zu werden, wie seine Zeit ihn brauchte und nur in ihm finden konnte!

Die tausendmal ausgesprochene Ansicht ist falsch, Paganini habe nur durch seine verblüffende Technik gewirkt, während erst Liszt die Kunstfertigkeit in den Dienst des Ausdrucks gestellt habe. Auch für Paganini war die Technik keineswegs Selbstzweck, wenigstens nicht in den besten Äußerungen seiner Künstlerschaft. Gewiß, er hat es nicht verschmäht, gelegentlich durch allerlei Kunststückchen und unwürdige Possen zu wirken – er hat sich sogar dazu erniedrigt, auf der Geige Tierstimmen nachzuahmen –, aber das, womit er die Welt eroberte, war doch die Fähigkeit, Herzen zu bewegen, zu rühren, zu erschüttern, Grauen und

Niccolò Paganini. Lithographie von Hatzfeld

Entzücken hervorzurufen, in seinem Spiel so zu jubeln und zu schluchzen, daß, der ihn hörte, mitjauchzen und mitweinen mußte. Das gelingt keinem, der nur ein Gaukler ist!»[18]

Die Aufgabe, die Liszt sich gesetzt hatte, ein pianistisches Äquivalent zu Paganinis Geigenstil zu schaffen, nahm Zeit und Mühe. Schon 1832 schrieb er die *Clochettenfantasie nach Paganini* – ein langes, unglaublich schwieriges Werk (Ferruccio Busoni sprach von dessen «Ungeheuerlichkeit»), das viele neue technische Kunstgriffe enthält. Die erste Version der berühmten *Paganini-Etüden* erschien jedoch erst 1838. Auch diese verlangten Übermenschliches, und Liszt gab sie 1851 in einer etwas vereinfachten, aber nicht weniger brillanten Version heraus. In sämtlichen Paganini-Bearbeitungen hat Liszt das diabolische Element eingefangen; es bleibt fortan ein wichtiger Bestandteil seines stilistischen Arsenals.

Daß Liszt in den Jahren 1830 bis 1833 nur ein einziges Werk kom-

Liszt am Klavier, umgeben von Dumas, George Sand, Rossini und der Gräfin d'Agoult. Gemälde von Josef Danhauser, um 1840

ponierte, hängt wohl in erster Linie mit seinem damaligen Lebenswandel zusammen. Dieser war alles andere als geregelt, wohl aber anregend und aufregend. Seine Berühmtheit öffnete ihm alle Türen; sein gewandtes Benehmen und das brennende Interesse, das er an allem nahm, was ihm begegnete, brachte ihm überall Sympathie ein. Bald verkehrte er mit allen großen Persönlichkeiten von Paris: Balzac, Sainte-Beuve, Hugo, Dumas, Gautier, Musset, Lamartine, George Sand, Heine, Delacroix und vielen anderen. Selbstverständlich kannte er auch alle bedeutenden und weniger bedeutenden Musiker, die zu jener Zeit in Paris lebten: Cherubini, Meyerbeer, Bellini, Rossini, Halévy und die zwei Großen, die ihn am stärksten beeinflußten: Berlioz und Chopin. Seine Freundschaft mit Hector Berlioz dauerte lange Jahre hindurch. Seine Beziehungen zu Frédéric Chopin kühlten aber bald ab. Die Charaktere und Temperamente der beiden waren grundverschieden – sogar antagonistisch; persönliche Momente scheinen auch eine Rolle gespielt zu haben. Es ist schwer zu sagen, wieviel Liszt von Chopins Klavierstil gelernt bzw. übernommen hat, denn Neuerungen lagen zu jener Zeit in der Luft. Doch darf man annehmen, daß Liszt für die äußerst sensiblen Klanggebilde und Harmonien Chopins empfindlich war. Nach dem Tod des ehemaligen Freundes veröffentlichte Liszt einen langen Aufsatz (*Frédéric Chopin*, 1852), der zu einem größeren Teil als sonst üblich von ihm selber stammen dürfte – selbst wenn die Fürstin von Sayn-Wittgenstein ihn mit ablenkenden, schwülstigen Passagen «ausgeschmückt» hat.

Abgesehen von seinen Beziehungen zu Künstlern und Intellektuellen war Liszt ein willkommener und begehrter Gast bei den vornehmsten Familien. Sein romantisches Aussehen und seine schöne Gestalt machten ihn zum Liebling der Damen, die alles daransetzten (und das war manchmal nicht wenig), um ihn für ihre Salons zu gewinnen. Für die Eigenliebe des Nichtadeligen, der von dem Grafen de Saint-Cricq als gesellschaftlich minderwertig behandelt worden war, war all dies eine verständliche Genugtuung. Es ist auch begreiflich, daß Liszt aus sich den vollkommenen Pariser Gentleman machen wollte und gewisse Allüren annahm, kurzum, daß er sich bemühte, das zu werden, was diese vornehme Gesellschaft von ihm verlangte: ein geistreicher Lebemann und ein zugleich eleganter und leidenschaftlicher Künstler. Dies ist ihm nie ganz gelungen, dafür war die Entfernung Raiding–Paris zu groß. Es wäre auch bedauerlich gewesen, denn dazu hätte ein Schuß von kaltem Zynismus gehört, den Liszt nie aufbrachte.

Inwieweit er den Salonlöwen nur gespielt hat, ist ebenso schwer zu sagen, wie man die Echtheit seines Auftretens beurteilen kann. Es ist wahrscheinlich, daß er von der Salon-Atmosphäre gleichzeitig angezogen und angewidert war und daß er des Effektes wegen übertrieben hat, als er 1833 an eine Schülerin schrieb: *Mehr als vier Monate habe ich weder*

Literarischer Salon. Lithographie von Tony Johannot, 1832

Schlaf noch Ruhe gehabt: Geburtsaristokratie, Begabungsaristokratie, Glücksaristokratie, elegante Koketterie der Boudoirs, die schwere, mefitische Atmosphäre der diplomatischen Salons, der sinnlose Tumult der Routs, Gähnen und Bravorufen in literarischen und künstlerischen Abendveranstaltungen, egoistische und verletzende Freuden auf dem Ball, Plaudereien und Dummheiten in Teegesellschaften, Scham und Selbstvorwürfe am nächsten Morgen, Triumph im Salon, überspannte Kritiken und Lobhudeleien in Zeitungen aller Art, künstlerische Enttäuschungen, Erfolg beim Publikum, alles das habe ich durchgemacht, alles erlebt, alles gefühlt, verachtet, verflucht und beweint.[19]

Es gehörte zu der wahrlich tragischen Seite seiner Natur, daß er Bewunderung, Applaus und öffentlichen Erfolg brauchte, obwohl er sich darüber im klaren war, daß es künstlerische und menschliche Ziele gibt, die weit höher stehen.

Lina Ramanns kurzes Kapitel über den Pariser Salon der dreißiger Jahre ist faszinierend. Man spürt den verborgenen Neid der biederen Deutschen, wenn sie die damalige Eleganz und den lebhaften Esprit beschreibt: «Der Salon mit seinem Kerzenschimmer und seinem Glanz von Toiletten, seiner mehr und minder berühmten Persönlichkeiten der Gesellschaft, des Tages und der Zeit, mit seinem funkelnden Witz und seiner Sucht nach geistreicher Unterhaltung lieh der Praxis des Romans den üppigen Boden und poetischen Reiz. Er war seine Bühne, wo tändelnd Knoten sich knüpften und tändelnd wieder lösten und deren Kulissen von Geheimnissen umflattert waren, wie ein Sonnenglut athmender Wiesengrund von Libellen und Schmetterlingen.»[20]

In diesem Milieu, so berichtet Lina Ramann weiter, «erzählte der junge Liszt in Tönen von seinen Idealen, von seinem Hoffen und Sehnen und dramatisierte, die Poesie der aristokratischen Salons in Musik umsetzend, die Empfindungen, die ihn bestürmten, die kleinen Scharmützel, in die ihn vielleicht soeben erst die Laune oder Koketterie einer Comtesse, einer Marquise verwickelt hatte, in Monologe und Dialoge. Grollend, stürmisch, ironisch, bittend, stolz, ritterlich – seine Töne sagten alles. Dazwischen warf er neckend tönende Leuchtkugeln unter die ihm lauschenden Schönen, dazwischen fing er kleine Pfeile auf, die von feurigen Augen ihm zugeworfen wurden. Aber in den Pariser Salons war Amor der bezaubernde, der tänzelnde, selten der ‹schreckliche Gott!›, wie Theokritos ihn nannte; seine Pfeile hafteten und verwundeten nicht immer, und tödlich trafen sie nur wenige.»[21]

Obwohl sie dem Pariser Salon seine «kulturhistorische Bedeutung» läßt, betrachtet Lina Ramann (und nach ihr die meisten Biographen) dessen Einfluß auf Liszt als durchaus verwerflich. Vor allem verurteilt sie den Einfluß von George Sand, jenem Zigarren rauchenden, Hosen tragenden Weib, das die «freie Liebe» predigte und praktizierte. George Sands Beziehungen zu Liszt sind übrigens bis heute nicht ganz geklärt worden.

«Korrumpierend wie der Charakter seiner persönlichen Beziehungen zu George Sand waren ihre Erstlingswerke auf ihn. Sie bestrickten seine Phantasie, konnten aber ebenso wenig sein Gefühl für wahre Ethik ganz

Frédéric Chopin. Zeichnung von George Sand

George Sand. Stich von Calamatta

verdecken, wie seine persönlichen Beziehungen sein Gefühl für germanische Sitte ersticken konnten – es brach immer durch alle Irrthümer hindurch. Von dem großen Zauber aus, den sie auf seine Phantasie ausübten, erklärt sich ihre Einwirkung auf seine Auffassung der Liebe und Ehe ... Er sah nur die kühne, stolze, männliche, sich auf sich selbst stellende Liebe; die Blasphemie jedoch, die sie der Ethik und höheren Wahrheit ins Gesicht schleuderten, die moralische Entwürdigung der Frau, die sie enthalten, wollte er nicht sehen.»[22]

Es ist vollkommen klar: Lina Ramann m u ß t e diese Periode in Liszts Leben als für seinen Charakter schädlich betrachten – zunächst weil sie mit der «unmoralischen» Atmosphäre jener dreißiger Jahre nicht sympathisieren konnte, aber auch weil sie die Eigentümlichkeit der französischen Romantik unmöglich begreifen konnte; diese war ja von der deutschen Romantik sehr verschieden. Aber in erster Linie ging es Lina Ramann darum, ihren Helden als Opfer der gottlosen Pariser Gesellschaft darzustellen, als Opfer, das erst dann den Weg zur Rettung fand, als die Fürstin von Sayn-Wittgenstein seine Seelenpflege übernahm. Denn die Fürstin war es, die den Ton, wenn auch nicht den genauen Inhalt, solcher Passagen angab wie dieser: «Der Geist der Romantik aber, den der junge Künstler in diesen literarischen Kreisen einsog, verband sich mit einer Herzensleidenschaft und gab dieser die Richtung und den Charakter. Die verschiedensten Stadien romantischen Wahnes durchlebte er nun – durchlebte sie bis zu dem Punkt, wo die Wahrheit die Hohlheit dieses Wahnes wohl aufdecken mußte, aber auch seine Spuren nicht mehr tilgen konnte.»[23]

Ob man es wahrhaben will oder nicht, es waren diese Pariser Jahre (und ihre Verlängerung in die darauffolgende Periode), die den Mann Liszt formten. In seiner Denkart blieb er bis zu seinem Lebensende vom französischen Modell stark beeinflußt.

MARIE D'AGOULT

Zu den Damen der Pariser Gesellschaft, die miteinander wetteiferten, prunkvolle Salons zu unterhalten, gehörte die Gräfin Marie d'Agoult, die Liszt 1833 kennenlernte und die nach einigem Hin und Her zu seiner Geliebten und geistigen Erzieherin wurde.

Die Geschichte dieser berühmten Liebesaffäre ist so verwickelt, mit so vielen Faktoren verknüpft und mit so vielen Personen und Ereignissen verbunden, daß ein dickes Buch nicht genügen würde, alle ihre Aspekte darzustellen. Sie besteht aus unzähligen Episoden und Nebenepisoden der Jahre 1833 bis 1844 – und darüber hinaus. Sie konzentriert sich nicht allein auf die zwei Hauptpersonen, sondern umfaßt auch deren Familien, Freunde, Bekannte, Feinde und nicht zuletzt deren drei Kinder. Sie spielt in Paris, in der französischen Provinz, in der Schweiz, in Italien, in Deutschland, in Österreich, in England und indirekt sogar in Ungarn. Viele Briefe Liszts und Maries sind erhalten geblieben; viele sind verlorengegangen oder (was wahrscheinlicher ist) vernichtet worden.

Über vereinzelte Episoden ist manches publiziert worden. Aber trotz der ungeheuren Menge von Schriften über Liszt gibt es noch keine umfassende und unparteiische Liszt-Studie. Für das Liszt-Bild wäre sie ungemein wichtig und würde einen wesentlichen Beitrag zur Musikgeschichte des 19. Jahrhunderts und darüber hinaus der romantischen Periode im allgemeinen darstellen. Denn eine solche Behandlung müßte nicht nur musikalische, sondern auch soziologische, politische, literarische und sogar theologische Momente einbeziehen und in eine Synthese bringen.

Kaum ein Autor hat bis dato über das Paar Liszt–Marie d'Agoult geschrieben, ohne für die eine oder die andere Seite Partei zu ergreifen. Lina Ramann war für die Fürstin von Sayn-Wittgenstein eingenommen; deshalb mußte deren Vorgängerin negativ ausfallen. (Dies Beispiel hat bis heute Schule gemacht.) Ernest Newman war «gegen» Liszt, den er gewissermaßen als Rivalen seines Helden Richard Wagner betrachtete. Da Newman Liszt recht kritisch beurteilt, wird er zu einem der ersten Verteidiger der Gräfin d'Agoult. Eine wichtige Quelle sind die Memoiren der Gräfin selber (erst 1928 postum erschienen), von denen man eine vorurteilslose Schilderung ihrer Beziehungen zu Liszt kaum erwarten durfte. Diese Memoiren bestehen zum Teil aus Marie d'Agoults von 1837 bis 1839 geführtem Tagebuch und hinterlassen einen Eindruck von Aufrichtigkeit, die aber der Verfasserin generell abgesprochen wird. Dieser Eindruck wird durch den Briefwechsel Liszt–Marie d'Agoult verstärkt. Es ist bedauerlich, daß dieser Briefwechsel erst 1933 veröffentlicht wurde, denn trotz empfindlicher Lücken (viele Briefe der Gräfin fehlen) bleibt er ein bewegendes Dokument, das von Tag zu Tag und von Woche zu Woche den Kampf der Liebenden widerspiegelt, die versuchten, ihr zerrinnendes Glück doch noch zu retten. Der Herausgeber dieser ergreifenden Briefe ist Daniel Ollivier, Gatte von Blandine, der ältesten Tochter Liszts und der Gräfin d'Agoult. In seinem Vorwort bemerkt Ollivier: «Die Briefe zeigen uns, wie und warum diese Anstrengungen ohnmächtig geblieben sind. Aus der Verschiedenartigkeit der Eindrücke, der Gedanken, der Gefühle, die man in ihnen findet, erhebt sich lebendig das Bild des Konflikts, der sie zunichte gemacht hat. Dieser Konflikt, in welchem das leidenschaftliche Streben nach gegenseitigem Glück schließlich an der Unvereinbarkeit der angewandten Mittel gescheitert ist, entstand, es kann nicht oft genug gesagt werden, aus den Grundgegensätzen zweier gleich großer, aber tief verschiedener Naturen.»[24]

Auch diese durchaus objektive Beurteilung ist nicht ganz zufriedenstellend. Zugegeben: die beiden Liebenden waren grundverschieden. Aber es gibt viele Ehen und Verbindungen, bei denen sich dieser Faktor keineswegs fatal auswirkt. Ich will keine Hypothese aufstellen, geschweige denn eine alleingültige Erklärung für den schmerzlichen Ausgang des Liszt–d'Agoult-Verhältnisses geben. Mir scheint aber, daß ein wichtiger Grund darin lag, daß jeder der beiden sich von vornherein seine «Rolle» in diesem ungewöhnlichen Verhältnis zurechtgelegt hatte und daß er infolgedessen auch von dem Partner eine bestimmte Verhaltensweise erwartete. Kurzum, jeder ging die Verbindung mit mehr oder weniger festen Vorstellungen davon ein, wie sich die Zukunft gestalten würde und müßte, ohne in Betracht zu ziehen, daß das Leben selten so abläuft, wie man es sich vorstellt. Sobald es nun anders kam, als sie es sich vorgestellt hatten, setzten Enttäuschung, Mißverstehen und Reizbarkeit ein. Wären die Voraussetzungen für dieses Bündnis weniger überspannt gewesen, hätten die beiden sich vielleicht einander anpassen können. Wie die Dinge aber standen, wurde es zum Musterbeispiel einer romantischen Liebesgeschichte.

Liszt und die Gräfin Marie d'Agoult haben sich in der artifiziellen Atmosphäre der Salons kennengelernt. Sie war damals eine betörende

Marie d'Agoult. Nach einer Zeichnung ihrer Tochter Christine gestochen von Léopold Flameng

Schönheit, die Tochter eines französischen Grafen und einer wohlhabenden Deutschen, die aus dem Bankiershaus Bethmann in Frankfurt stammte. Marie wuchs in Frankreich auf und wurde in jungen Jahren mit dem um vieles älteren, nicht unsympathischen, aber ziemlich langweiligen Grafen d'Agoult vermählt. Die Ehe war nicht glücklich, aber man hatte sich arrangiert, und die Gräfin hatte völlige Freiheit, ihren intellektuellen Interessen nachzugehen. Unter der obligatorisch galanten Fassade, die ihr das Leben in der großen Gesellschaft aufzwang, verbarg sie eine sehr ernste Natur, der Liebesintrigen nicht lagen. Sie scheint snobistisch veranlagt gewesen zu sein, ihrer hohen Herkunft wohlbewußt. Aber die gehässigen Beschreibungen von Kapp («verwöhnt, herrschsüchtig, von einem kalten Egoismus und einer stolzen Eitelkeit») und manch anderem sind ein Echo des Urporträts, das von Lina Ramann, der Fürstin von Sayn-Wittgenstein und, bis zu einem gewissen Grad, von Liszt selber gezeichnet wurde. Denn kurz vor seinem Tode hat Liszt den ersten Band der Ramannschen Biographie durchgesehen, kommentiert, einige Passagen korrigiert und die heuchlerisch-herablassende Einstellung gelten lassen, die in solchen Sätzen wie den folgenden zum Ausdruck kommt:

«Ebenso wenig, als der Einfluß der Gräfin d'Agoult auf den jungen Tonkünstler ein günstiger war, läßt sich der seinige auf sie ein solcher nennen. Beide hatten das Unglück, gegenseitig zu ihrer Verwirrung beizutragen. Entfesselte sie seine Sinne, so verwirrte seine Ironie ihre ohnedies nicht scharf prononcierten ethischen Begriffe auf das vollständigste. Die Gräfin hatte ihr Ziel erreicht: der gefeierte Jüngling vermehrte den Glanz ihres Salons, er huldigte ihr. Mit ihren Erfolgen aber wuchsen ihre Ziele. Auch ihre Liebe hatte ihre Ideale. Wie Liszt das Ideal hingebender Weiblichkeit vorschwebte, so hing ihre Phantasie an dem Bild angebeteter einflußübender Weiblichkeit... Lechzend nach seiner Bewunderung, verlor sie allmählich jeden Halt, und was ihr bis jetzt noch einen solchen gewährte, ihr Gatte, ihre Kinder, ihre Stellung – sie wurden ihr zu Mitteln, ihm den Beweis ihrer Liebe und vermeintlichen Charaktergröße und Idealität zu liefern, vielleicht auch der Welt ein Schauspiel zu bereiten, das ihr die Bewunderung großer Geister sichern sollte.

In diesem Wahn erscheint die Gräfin d'Agoult ein Opfer der damaligen krankhaften Richtung der Romantik.»[25]

Mit solchen Deutungen und Andeutungen wurde die Legende der bösen Gräfin geschaffen. Lina Ramann scheute nicht einmal vor der «man sagt»-Technik zurück, um Marie d'Agoult in ein schlechtes Licht zu rücken. Unter anderem schrieb sie: «Man hat die Comtesse d'Agoult auch vielfach der Hypokrisie beschuldigt – nicht mit Unrecht – aber es läßt sich behaupten, daß sie sich derselben nicht bewußt gewesen, daß sie im Gegenteil in dem Wahn gelebt, eher als zu sein als Hypokrit.»[26]

In dieser Legende wird Liszt als «edle Natur» geschildert, die einerseits Opfer einer egoistischen Frau, andererseits Opfer der französischen Unmoral war. Das jedenfalls möchte sie uns glauben machen: «War sein moralisches Gefühl trotz der korrumpierenden Zustände in Paris wach geblieben, so scheint nun sein guter Genius die Fackel löschen zu wollen. Er floh nicht mehr die Gräfin d'Agoult. Was anfangs ein leichtfertiger Liebeshandel war, nahm einen andern Charakter an. Eine maßlose Leidenschaft ergriff ihn und sie ward das Band, welches diese beiden einander so widerstrebenden Naturen verknüpfte. In diesem Moment schien jede Beherrschung und Besinnung ihm verloren. Aber er empfand kein Glück. Er war nur Rausch und Zwiespalt.»[27]

Was in Lina Ramanns Charakterisierung der Gräfin eine raffinierte Verleumdung war, wird in der Beschreibung der gemeinsamen Flucht zur Lüge:

Liszt. Lithographie nach einem Gemälde von Ary Scheffer, 1838

«Das trügerische Spiel, in welches seine Leidenschaft ihn verstrickt, widerte ihn an, und er fühlte, daß jetzt der Moment zu scheiden gekommen sei. Er sollte fort von Paris... Er hoffte dabei, daß die Gräfin d'Agoult das Richtige und die Nothwendigkeit dieses Schrittes gleich ihm empfinden und ihn hierbei unterstützen würde. Hierin jedoch irrte er sich. Zu tief verstrickt in ihr inneres Gewebe konnte sie ihren Gatten und ihre Kinder aufgeben, nur nicht ihn, nicht das Ideal jener Zeit: eine ‹große Leidenschaft zu haben›, nicht ihre Truggebilde...

Gegen seine Vorstellung und gegen seinen Willen verließ sie Paris – seine Besinnung war zu spät erwacht. Des Jünglings nächste Zukunft war hiemit entschieden, ein bleibender Gifttropfen in sein Leben gefallen.»[28]

In Wirklichkeit war die Flucht zwischen den beiden genauestens abgesprochen und vereinbart worden. Ein entscheidender Faktor mag die Schwangerschaft der Gräfin gewesen sein. Liszt reiste voraus nach Basel (und nicht nach Bern, wie man wiederholt liest), und die Gräfin traf planmäßig ein paar Tage später ein.

Bevor wir von Lina Ramann Abschied nehmen, muß noch ein letzter Irrtum erwähnt werden, denn gerade diese Geschichte ist überall verbreitet worden. Ihrer Erzählung nach soll Liszt der Gräfin einen Heiratsantrag gemacht haben, als letzter Weg zu einer Rehabilitation. Worauf die Gräfin entgegnet habe: «Madame la Comtesse d'Agoult ne sera jamais Madame Liszt.» Liszt selber hat diese Anekdote als *blödsinnige Erfindung* abgelehnt, doch taucht sie trotzdem immer wieder auf.

Wer den Briefwechsel kennt, wird unmöglich dieses Märchen ernst nehmen können, denn es widerspricht völlig der damaligen Verfassung der Gräfin. Ihre Briefe bezeugen die wahre Liebe einer Frau, die um das Wohl und Gedeihen des Geliebten besorgt ist und die verzweifelt versucht, diese Liebe zu retten. Es ist kein stolzes Weib und keine überhebliche Aristokratin, die 1840 schreibt: «Sie wissen nicht genügend, was Sie für mich sind! Sie wissen nicht, was alles ein Wort, eine Betonung in der tiefsten Tiefe meiner Seele aufrühren kann, daß mein Leben und Tod in Ihrer Hand liegt und daß durch Sie und von Ihnen unsagbare Freuden wie unaussprechliche Leiden für mich kommen. Ach, ich schwöre es Ihnen und kann es Ihnen sogar heute, nach dieser langen Abwesenheit, nach so viel Traurigem, das sich zwischen uns angehäuft hat, nach Ihren Fehlern und meinen noch tausendmal größeren, sagen, niemals ist ein Mann so geliebt worden!»[29]

Im Licht dieser Briefe ist man viel eher geneigt, die Echtheit der Schilderungen ihrer Memoiren und ihres Tagebuchs zu glauben. Mag sein, daß Marie d'Agoult sich in romantischen Phrasen ergeht; im großen und ganzen jedoch werden sie der Wahrheit entsprechen, und sie vermitteln einen sehr wertvollen Einblick in die oft verstellten Beziehungen zwischen Liszt und der Gräfin.

So schildert Marie d'Agoult in ihren Memoiren auch jenen verhängnisvollen Tag, an dem die gemeinsame Flucht beschlossen wurde. Nach einer Trennung von einigen Wochen erhielt sie einen Brief von Liszt, in dem er sie um ein letztes Wiedersehen bat, bevor er endgültig abreisen werde.

«‹Was hatten Sie mir zu sagen? Reisen Sie?› fragte ich.

‹Wir reisen›, antwortete Franz in einem seltsamen Tonfall und heftete einen langen Blick auf mich, der in der tiefsten Tiefe meines Herzens nach Zustimmung suchte.

Ich schwieg. Ich vermochte, wagte nicht zu verstehen.

‹Wir reisen!› wiederholte er. Und seine Augen nahmen einen so flehentlichen Ausdruck von Hoffnung und Liebe an, daß es mir unmöglich war, ihn auszuhalten.

‹Was sagen Sie, Franz?› Und ich wandte den Blick ab.

‹Ich sage›, fuhr Franz fort, ‹daß wir so nicht weiterleben können. Sagen Sie nichts dagegen. Ich habe alles vorausbedacht, was Sie einwenden könnten. Seit den ersten Tagen meiner heißen, verlangenden Liebe zu Ihnen habe ich für Sie gezittert. Ich beschloß, Sie zu verlassen. Eben noch wollte ich ein Weltmeer zwischen Sie und mich legen, damit Sie wenigstens, wenn auch kein Glück, so doch Frieden hätten... Und was habe ich getan? Arme Frau! Wie sind Sie jetzt gebeugt, kraftlos und unfähig, zu leben! Was ist aus Ihnen fern von mir geworden? Nein, nein, ich werde Sie nicht so traurig hinsiechen und umkommen lassen... Wir müssen, angesichts des Himmels, die Heiligkeit oder das Verhängnis unserer Liebe eingestehen. Hörst du mich, verstehst du mich?› Und Franz preßte mich in seine Arme.

‹Großer Gott!› rief ich aus.

‹Dein Gott ist nicht mein Gott!› sagte Franz und legte seine Hand auf meinen Mund. ‹Es gibt nur einen Gott, den Gott der Liebe.›

Acht Tage später verließen wir Frankreich. Alles war zerbrochen, verworfen, mit Füßen getreten, nur unsere Liebe nicht.»[30]

ANNÉES DE PÈLERINAGE

Wanderjahre, Pilgerjahre: Liszt selber hat diesen Titel für die Sammlung von Klavierkompositionen geprägt, die er ab 1835 schrieb und ursprünglich als *Album d'un voyageur* herausgab. Viele der Stücke entstammen den Jahren, die Liszt und die Gräfin in verschiedenen Orten der Schweiz und Italiens verbrachten, und manche sind mit den Namen bestimmter Stätten der Schweiz versehen (*Le lac de Wallenstadt, Vallée d'Obermann, La Chapelle de Guillaume Tell,* usw.) oder beziehen sich auf italienische Bilder bzw. Literatur.

Diese kurzen und langen Stücke bilden einen starken Kontrast zu den oben erwähnten brillanten Paganini-Etüden. Obwohl sie manches pianistische Feuerwerk enthalten und in ihrer originellen Schreibweise vollkommen idiomatisch sind, strömen viele eine ruhige, innige Atmosphäre aus, die einen weiteren Aspekt der musikalischen Romantik offenbart. Wie so oft hat Liszt diese ersten Fassungen Jahre später verschiedentlich umgearbeitet und erweitert.

Diese Wanderjahre waren eine produktive Periode. Neben Originalkompositionen schrieb Liszt eine Reihe von Transkriptionen und Fanta-

III.

Pastorale.

«Années de Pèlerinage». Titelblatt der Erstausgabe

sien, die auf Werken anderer Komponisten basieren. In den Transkriptionen von Werken von Berlioz, Mendelssohn-Bartholdy, Schubert, Beethoven, Rossini und anderen entwickelte Liszt eine Technik (und eine Ästhetik), die geradezu revolutionär wirkte und die bis heute ihren Nachhall findet. Im Gegensatz zu früheren, möglichst notengetreuen Übertragungen sind die Lisztschen viel freier und viel wirksamer; sie stellen eine Art Elaborierung dar, die darauf aus ist, den Geist eher als die Buchstaben des Originals einzufangen. Mit Recht hat er für einige dieser pianistisch vollblütigen und oft enorm schwierigen Transkriptionen die Bezeichnung «Klavierpartitur» geprägt. Die Zahl solcher schöpferischen Bearbeitungen, die Liszt bis in sein hohes Alter komponierte, ist erstaunlich hoch.

Ebenfalls pflegte Liszt – vor allem in seinen jüngeren Jahren – ein Genre, das allgemein mißverstanden worden ist: die Fantasie oder Paraphrase, die auf einem vorhandenen Werk, meistens einer Oper, basierte. Von der *Fantasie über Aubers Oper «La Fiancée»* aus dem Jahre 1829 bis zu seinen *Réminiscences de Boccanegra* (Verdi) von 1882 hat Liszt eine fast unübersehbare Menge solcher Stücke geschrieben, die in der Qualität sehr unterschiedlich sind. Gewiß enthalten sie Triviales und sogar Vulgäres; andererseits sind sie im Durchschnitt viel besser als ihr Ruf. Die meisten wurden als brillante oder unterhaltende Vortragsstücke geschaffen, wie das Publikum sie verlangte. Liszt hat sie selber in einer Art und Weise vorgetragen, die man sich heute nicht vorzustellen vermag, ebensowenig wie man heute den Geschmack jener Periode nachempfinden kann.

Ein Nebenprodukt der Flucht aus Paris in die Schweiz war die von Liszt so heiß herbeigesehnte Befreiung von der Betriebsamkeit seines früheren Lebens.

In Genf nahm das Paar eine Wohnung mit Blick auf den See und das Gebirge. Zunächst lebten sie in fast völliger Zurückgezogenheit, was in der Stadt Calvins nicht schwierig war, denn die moralischen Bürger mieden die «Sünder». Allmählich formte sich eine kleine Gruppe von Intellektuellen, darunter politische Flüchtlinge und Adelige, mit denen Liszt und die Gräfin viele Abende in angeregter Diskussion verbrachten. Liszt besuchte Vorlesungen an der Universität, übte Klavier, las sehr viel und überließ der Gräfin Notizen, die sie zu Artikeln umarbeitete und als solche in der Pariser «Gazette Musicale» unter Liszts Namen publizierte.

Im Dezember 1835 wurde Liszts erste Tochter Blandine geboren. Liszt nahm mit musikalischen Kreisen Kontakt auf und trug zur Gründung eines neuen Konservatoriums bei, wo er unentgeltlich eine Lehrklasse übernahm. Er spielte öffentlich in einigen Wohltätigkeitskonzerten, und zwar mit großem Erfolg. Das einzige Konzert, das er für sich veranstaltete, war jedoch schlecht besucht!

Liszt und die Gräfin blieben vom August 1835 bis Oktober 1836 in Genf. Es war für beide ein sehr ruhiger Aufenthalt, ohne große Ereignisse, abgesehen von einem Abstecher Liszts nach Paris, über den noch zu berichten ist. Über diese Genfer Periode hat Robert Bory mit Sympathie und Verstand in seinem Buch «Franz Liszt und Marie d'Agoult in der Schweiz» geschrieben, das einige unveröffentlichte Briefe enthält. Bory hat sicherlich recht, wenn er sagt: «Liszts Charakter war nicht von der Art, daß er lange an einem so regelmäßigen und dem Unerwarteten abholden Leben hätte Gefallen finden können. Er hatte einen Abscheu vor allem, was bürgerlich war, und konnte nie längere Zeit an demselben Orte weilen, ohne sehr bald von einem starken Bedürfnis nach Veränderung befallen zu werden... Die Gräfin d'Agoult war froh, Genf verlassen zu können. Sie hatte viel mehr als Liszt unter dem engstirnigen, bürgerlichen Geist und der Kritik der Genfer gelitten.»[31]

Schon im Frühjahr 1836 mußte Liszt aus seinem selbsterrichteten goldenen Käfig fliehen. Sein absoluter Vorrang als König des Klaviers wurde ihm durch den Wiener Virtuosen Sigismund Thalberg streitig gemacht. Einige Kritiker begannen Thalberg sogar über Liszt zu stellen. Zu dem kam, daß Liszts Geldmittel beinahe erschöpft waren. So erschien Liszt in Paris, um den Kampf aufzunehmen, aber Thalberg war bereits abgereist. Für seine Konzerte erntete Liszt hohes Lob, nicht zuletzt von Berlioz, der schrieb: «Das ist die neue große Schule des Klavierspiels! Von heute an läßt sich von Liszt als Komponisten alles erwarten!»[32]

Liszt kehrte nach Genf zurück, aber damit war der Wettstreit zwischen ihm und Thalberg nur verschoben. Im Dezember 1836 zog Liszt wieder nach Paris und blieb bis Anfang Mai 1837 dort, während die Gräfin bei George Sand auf deren Schloß Nohant wohnte. Der «Kampf» zwischen den beiden Virtuosen, der hauptsächlich der Belustigung der Franzosen diente, spielte sich in verschiedenen Etappen ab und erreichte seinen Höhepunkt in einem Konzert, an dem beide Stars teilnahmen. Der kaum ernst zu nehmende (und damals kaum ernst genommene) Kampf hat niemandem geschadet und war für die beiden jungen Virtuosen eine ausgezeichnete Publicity. Der oft zitierte Ausspruch einer Pariser Dame lautete: «Thalberg ist der erste aller Klavierspieler, Liszt aber der einzige!» Vergleiche zwischen dem großen Liszt und dem auch als Komponist recht mittelmäßigen Thalberg wurden fortan nicht mehr gezogen.

In anderen Konzerten jener Zeit, die Liszt – wie es damals üblich war – zusammen mit anderen Künstlern gab, nahm er eine Reihe von Schubert-Liedern, die in Paris so gut wie unbekannt waren, ins Programm auf. Auch für die Verbreitung der Werke Beethovens setzte er sich ein.

So wenig Liszt widerstehen konnte, öffentlich aufzutreten und den brausenden Beifall des Publikums entgegenzunehmen, so sehr wurde er von demselben Publikum und dessen Applaus angewidert. Noch einmal dreht er der großen Welt den Rücken und setzt seine Wanderjahre fort. In einem mutig-hochmütigen Aufsatz in der «Gazette Musicale» erteilt er dem Publikum verbale Ohrfeigen und schreibt über das Los des Künstlers: *Ist der Komponist zugleich ausübender Künstler, wie selten wird er verstanden, wie viel häufiger kommt es vor, daß er die tiefste Bewegung seines Inneren einem kalten, spöttelnden Publikum preisgibt, daß er sich gleichsam seine Seele entreißen muß, um der zerstreuten Menge einigen Beifall abzuringen! Nur mit der größten Mühe gelingt es ihm, die helle Flamme seiner Begeisterung einen blassen Widerschein auf diese eisigen Stirnen werfen zu lassen, schwache Funken in diesen liebeleeren, sympathielosen Herzen zu entzünden! ... Der rauschende Beifall hat mich auf das traurigste überzeugt, daß er viel mehr dem unerklärlichen Zufall der Mode, der Scheu vor einem großen Namen und einer gewissen tatkräftigen Ausführung gegolten hat, als dem echten Gefühl für Wahrheit und Schönheit.*[33]

Man spürt in diesen rhetorischen Äußerungen die Handschrift der Gräfin, die von Anfang an Liszts literarische Mitarbeiterin war.

Auch in seinen 1835 erschienenen Aufsätzen *Die Stellung der Künst-*

ler tritt Liszt dem Snobismus einer Gesellschaft entgegen, die den Künstler als ihren Untertan anzusehen und zu behandeln pflegte, und fordert weitgehende Reformen des Musiklebens.

Nach dem Pariser Trubel und Erfolg fand Liszt angenehme Abwechslung im ländlichen Nohant, wo eine interessante Gesellschaft, darunter manche Besucher aus Paris, ein anmutiges Dasein führte, *voll reichen inneren Lebens*, wie Liszt es nannte. Neben Diskussionen über die Werke von Montaigne, Dante, Shakespeare und anderen Philosophen und Dichtern wurde gearbeitet und auch manchmal geblödelt. Das sporadisch geführte, aber aufschlußreiche Tagebuch der Gräfin wurde in dieser Zeit (Juni 1837) begonnen und bis September 1839 fortgesetzt. Eine Eintragung schildert Liszt als Pianist und vermittelt ein bemerkenswertes Bild des Geliebten, wie ihn die Liebende damals sah:

«Wenn er sich an den Flügel setzt und frei von allen Sorgen den Genius walten läßt, der sich seiner bemächtigt, gewinnt seine Schönheit

Liszt spielt für George Sand. Karikatur von Maurice Sand, 1837

einen Grad von Hoheit, den nur seine Hörer ermessen können. Seine Blässe nimmt zu, seine Nasenflügel weiten sich, ein nervöses Zittern bewegt seine Lippen, sein stolzer, gebietender Blick sucht nicht, fragt nicht mehr: er herrscht und befiehlt...

Und wer könnte den Zauber beschreiben, den er zu seinen menschlichen Tugenden und seiner überlegenen Intelligenz noch besitzt: seine natürliche Empfänglichkeit, die fast kindliche Heiterkeit und seinen geistvollen Frohsinn? Sie haben ihn, ohne ihn abzustumpfen, über ein Leben voller Überreizungen und fieberhafter Erregung getragen. Man fragt sich erstaunt, wie solche Gegensätze in demselben Wesen einander begegnen und miteinander harmonieren können; wie in derselben Brust Eingebung und Logik, Leidenschaft und Überlegung, erfahrungsmäßiges Handeln und plötzliche Aufwallung, unerbittliche Traurigkeit und kindliche Freude sich nicht ausschließen und eine so ausgesprochene Persönlichkeit zu bilden vermögen.»[34]

Früher als geplant verließen Liszt und Marie d'Agoult Nohant. Zwischen George Sand und der Gräfin einerseits und George Sand und Liszt andererseits wäre es zu Zwistigkeiten gekommen, die nur durch eine vorzeitige Abreise vermieden wurden. Nie wieder konnte von aufrichtiger, herzlicher Freundschaft die Rede sein.

Nun durchwanderte das Liebespaar Italien. Zunächst bewohnten sie eine Villa in Bellagio am Comer See, wo sie zurückgezogen lebten und wo ihre zweite Tochter Cosima, die künftige Gattin Richard Wagners, am Weihnachtstag 1837 geboren wurde. Die Abgeschiedenheit hielt Liszt aber nicht lange aus, und bald konnte man ihn in den Mailänder Konzertsälen hören. Anfang Februar 1838 zog er dorthin, während die Gräfin mit den beiden Töchtern in Bellaggio verblieb. Wieder feierte Liszt Triumphe, und wieder beklagt er sich über sein Virtuosen-Los. *Bin ich erbarmungslos zu diesem Beruf des Possenreißers und Salonamuseurs verdammt?* fragt er in einem Brief an Lamennais.

Schon Mitte März 1838 zogen Liszt und die Gräfin weiter nach Venedig. Kaum dort angekommen, faßte Liszt den Entschluß, nach Wien zu reisen, um Geld für die Opfer der Überschwemmungen in Ungarn aufzutreiben. In den fragmentarischen, nachträglich verfaßten «Memoiren» der Gräfin heißt es, der erregte Liszt habe ihr erklärt: «Was würden Sie sagen, wenn ich unerwartet auf Wien herabfiele? Die Wirkung wäre wunderbar. Die ganze Stadt würde das kleine Wunder hören wollen, das man als Kind gesehen hat. Die Wiener sind Enthusiasten und Verschwender. Ich könnte eine Riesensumme verdienen... Die Reise würde acht Tage beanspruchen, mehr nicht.»[35]

In einem Brief nach Paris beschrieb Liszt die Angelegenheit in einem anderen Licht. *Durch diese Erregungen und Gefühle wurde mir der Sinn des Wortes «Vaterland» offenbar... O mein wildes, fernes Heimatland! meine unbekannten Freunde! meine weite, große Familie! Der Schrei deines Schmerzes hat mich zu dir zurückgerufen und, im Innersten von ihm getroffen, senke ich beschämt das Haupt, daß ich dich so lange habe vergessen können!*[36]

Der Abstecher nach Wien dauerte nicht acht Tage, sondern einen Mo-

Marie d'Agoult. Gemälde von Henry Lohmann

nat. In dem schon etwas getrübten Verhältnis zwischen Liszt und der Gräfin bedeutete diese immer wieder verschobene Rückkehr den Anfang des Endes. Marie d'Agoult schrieb wiederholt an Liszt und bat ihn, nach Venedig zurückzukommen, da sie schwer erkrankt sei.

Liszt nahm an, die Gräfin übertreibe ihre Krankheit, und gab ein Konzert nach dem anderen, mit geradezu himmelstürmendem Erfolg. Inwieweit Marie d'Agoult wegen der Erfolge ihres Geliebten bei den Wiener Damen eifersüchtig war, läßt sich nicht sagen. Sie war in dieser Beziehung nicht kleinlich; sie wußte, daß Frauen für Liszt eine Notwendigkeit waren. Daß aber die Prahlerei und Heuchelei in seinen Briefen sie befremdet haben, ist anzunehmen: *Riesiger Erfolg. Lautes Zujubeln. Fünfzehn bis achtzehn Hervorrufe... Allgemeines Entzücken. Niemals habe ich einen ähnlichen oder annähernden Erfolg gehabt... Alle Welt will mich sehen und haben... hier ist ein Toben, ein Wüten, von dem Du Dir keine Vorstellung machen kannst... Ich mache sehr glänzende Geschäfte. Ich rechne damit, mindestens zehntausend Zwanziger mitzubringen – nach Abzug aller Unkosten. Ohne jede Übertreibung, niemals hat seit Paganini irgend jemand einen derartigen Eindruck gemacht... Ganz Wien ist über mich in Aufruhr. Das beste an der Sache ist, daß bereits zehntausend Franken bei Haslinger für mich liegen... Haben Sie mein Bild bekommen? Es ist in einer riesigen Menge von Exemplaren verkauft worden.*

Und als Kontrapunkt dazu manche Geständnisse und Entschuldigungen, die unter diesen Umständen wenig Trost bringen konnten:

Warum bin ich denn nicht gleich in den ersten Tagen abgereist? Oder vielmehr, was hat mich bestimmt, hierherzukommen? Ich schwöre Ihnen, meine gute, meine einzige Marie, ich glaube, kein Unrecht begangen zu haben. Ich leide wie Sie, weniger edel, aber ebenso tief. Ich fühle mich Ihrer Liebe, Ihrer Teilnahme immer noch würdig...

Sie sagen sich wahrscheinlich dasselbe, was ich mir morgens und abends mit tiefer Bitterkeit sage: Eigennutz und Eitelkeit beherrschen in Wahrheit das ganze Leben eines Mannes. Für die Liebe ist kein Raum darin...

Und dennoch liebe ich Sie, liebe ich Sie mit aller Kraft. Ich gehöre nur Ihnen. Sie allein haben ein Anrecht auf mein ganzes Sein, denn Sie allein besitzen das Geheimnis meines Lebens, meines Glücks und meines Unglücks...

Liebe Geliebte, ich leide, aber für Sie, Ihretwegen. Ich werde Ihnen morgen wieder schreiben. Leben Sie wohl.[37] (Nebenbei sei bemerkt: die angeführten Zitate, und andere mehr, widerlegen die Behauptung, Liszt habe den g e s a m t e n Erlös seiner Wiener Konzerte den Opfern der Überschwemmung in Ungarn zur Verfügung gestellt. Wohl hat er eine beträchtliche Summe nach Ungarn geschickt, und es ist durchaus keine Schande, einzugestehen, daß er die Einnahmen zusätzlicher Konzerte für sich behielt. Seine unbestrittene Freizügigkeit braucht keineswegs durch Fälschung der Tatsachen bestätigt zu werden.)

Der weitere Verlauf der Dinge ist ein trauriges Kapitel. Mißstimmungen und Reibereien führen unvermeidlich zu einer Trennung und werfen ihre Schatten über die Aufenthalte in Lugano (Sommer 1838), Rom (Januar bis Juni 1839), Lucca und San Rossore an der Ligurischen Küste (bis November 1839).

Als letzte venezianische Eintragung in ihr Tagebuch schreibt die Gräfin: «Ich habe zuviel geweint... Mein Herz und mein Gedächtnis sind ausgetrocknet. Das ist ein Leiden, das ich mit auf die Welt bekam. Die Leidenschaft hat mich einen Augenblick erhoben, aber ich habe keinen Willen zum Leben in mir... Ich fühle mich als Hindernis in seinem Leben, bin nicht gut für ihn und werfe Traurigkeit und Mutlosigkeit über seine Tage.»[38]

Blandine, Cosima und Daniel Liszt. Gemälde von Amélie de Lacépède, 1843

In Rom wurde ihr einziger Sohn Daniel geboren. Die Gräfin schrieb in einem Brief an George Sand: «Leider ist Franz wieder einmal recht melancholisch. Der Gedanke, nun Vater dreier kleiner Kinder zu sein, scheint ihn zu verstimmen» (9. Juni 1839).

Dies kann man wohl glauben, denn jedes Kind band ihn enger an ein Familienleben, das er wider Willen führte. Er hatte auch hier eine Rolle zu spielen versucht, die eine Fehlbesetzung war. Aber die Kinder waren nur ein Teil des ganzen Problemkreises, wie klar aus den Briefen hervorgeht, die während der gelegentlichen Trennungen der italienischen

Periode gewechselt wurden. Diese Briefe zeigen uns zwei Menschen, die das Ende kommen sehen, aber weder die Kraft noch die Klugheit aufbringen, die fortschreitende Verschlechterung aufzuhalten.

Ende Juni 1838 schreibt die Gräfin an Liszt: «Ich liebe Sie unermeßlich, und um Ihretwillen. Ich glaube, daß Sie noch lieben können und infolgedessen auch lieben müssen. Ein Teil Ihres Herzens bleibt bei mir unbefriedigt. Meine Liebe zehrt Sie auf. Sie könnten, glaube ich, g l ü c k l i c h lieben; mich haben Sie s t a r k geliebt...

Jetzt dauert es schon fünf Jahre, und vielleicht ist das genug. Lassen Sie mich meiner Wege gehen. Wenn Sie mich rufen, werde ich zurückkommen. Ich selber würde niemand mehr lieben können, aber warum sollte ich Sie einer Liebe berauben, die eine neue Lebensquelle für Sie sein könnte... Man darf nichts aufhalten, was eine vollkommenere Entwicklung unserer Fähigkeiten herbeiführt. Wenn ich Sie nicht so andächtig liebte und nicht so hoch stellte, könnte ich nicht so zu Ihnen sprechen, aber ich habe eine tiefe Achtung vor Ihrer Freiheit.»[39]

Im September schreibt Liszt an Marie: *Einstmals waren Sie meine Zuflucht, mein Trost, mein stets sprudelnder Quell in dieser dürren Wüste, jetzt ist der Himmel ehern, die Nacht dunkel und kalt, bittere Tränen benetzen meine müden Lider. Marie, werden Sie mir bleiben? Sind Sie mir geblieben? Marie, Marie, hat die Zauberkraft, die in diesem Namen lag, sich verflüchtigt? Bin ich es, der unser Leben so zerbrochen hat?*[40]

Im November 1839 fuhr Liszt nach Wien, um Konzerte zu geben. Marie d'Agoult kehrte mit den drei Kindern nach Paris zurück, wo sie zunächst bei Liszts Mutter wohnte. Die Trennung wurde als nur vorübergehend betrachtet. Offensichtlich mußte Liszt seine Virtuosen-Laufbahn wiederaufnehmen. Nicht des Einkommens wegen, wie verschiedentlich behauptet worden ist: In einer Stadt wie Paris, oder sonst irgendwo, hätte er mit Lehren und Konzertieren gut seinen Lebensunterhalt verdienen können – mit oder ohne kürzere Tourneen ins Ausland.

Es hat vielmehr den Anschein, daß Liszt einen Weg suchte, seine Freiheit wiederzugewinnen, ohne sich durch einen endgültigen Bruch von der Gräfin zu lösen. Seine Träume von dem ruhigen, abgeschiedenen Dasein und von dem anmutigen Familienleben waren in der Theorie reizvoller gewesen als in der Praxis. Und nach dem ersten Rausch der romantischen Liebe mußte er feststellen, daß auch seine Auserkorene menschliche Schwächen besaß. Sie und die familiären Pflichten, die mit ihr verbunden waren, fielen ihm auf die Nerven, und er empfand sie als Einschränkung seiner Freiheit.

Einige Jahre noch blieben Liszt und die Gräfin in enger Verbindung. 1840 folgte sie ihm unglücklicherweise nach England, wo es zu katastrophalen Reibungen kam. In den Jahren 1841, 1842 und 1843 verbrachten die beiden, zusammen mit ihren drei Kindern, einige Wochen auf der kleinen Rheininsel Nonnenwerth bei Rolandseck. Es war eine Art gedämpftes Nachspiel; die Gräfin hatte inzwischen ein neues Leben begonnen, sich mit Familie und Freunden versöhnt und unter dem Namen Daniel Stern eine literarische Karriere angefangen.

Den endgültigen Bruch soll die Veröffentlichung ihres Romans «Nélida» verursacht haben; so wird es jedenfalls allerorts behauptet. Dieses Buch, von dem Peter Raabe in «Liszts Leben» eine Zusammenfassung gibt, erzählt in kaum verschleierter Form die Liebesgeschichte, die Marie d'Agoult erlebt hatte. Sie schildert den Maler Guermann Régnier (leicht erkennbar als Liszt) in einem sehr unschmeichelhaften Licht, während Nélida (die Gräfin) als edle Frau dargestellt wird.

«Nélida» ist allgemein als Rache der enttäuschten Frau bagatellisiert und als endgültiger Beweis dafür angeführt worden, daß die Gräfin eine egoistische, der Liebe Liszts unwürdige Person war. Dieses Urteil setzt aber voraus, daß die unschönen Dinge, die Guermann darin sagt und tut, erfunden und erlogen sind. Ernest Newman («The Man Liszt») versucht das Gegenteil zu beweisen: nämlich daß viel Wahres darin steckt, und seine sehr detaillierte, auf Tatsachen und Dokumenten basierende Analyse ist überzeugend. Newman schreibt: «Der quasi-heilige Liszt der späteren Legende hat keine Ähnlichkeit mit dem wirklichen Liszt der späten dreißiger und frühen vierziger Jahre... Seine Eitelkeit, so reichlich von rasenden Anbetern genährt... hatte zur Folge, daß er nicht die geringste Kritik ertragen konnte.»[41]

Es war Marie, und nicht Liszt, die mit dem nunmehr sinnlos gewordenen Verhältnis Schluß machte. Im April 1844 hat sie ihn in einem keineswegs rachsüchtigen Brief freigegeben. Nach Newman war dieser Schritt das Resultat «ihres wachsenden Ressentiments, Jahr für Jahr ihren Namen mit dem eines notorisch erotischen Plebejers in der Öffentlichkeit verbunden zu sehen»[42].

Der Briefwechsel gibt uns tatsächlich kein schönes Bild von Liszt. Dieser widerspricht auch nicht, wenn Marie d'Agoult sein «lächerliches» Benehmen und seine geschmacklosen Abenteuer kritisiert, sondern beteuert nur, daß er nicht Meister über sein Schicksal sei. Ein Jahr nach dem Bruch schreibt Liszt an Marie d'Agoult, daß er diese harte Behandlung nicht verdient habe, und versucht, die Gräfin umzustimmen. Auf die Veröffentlichung von «Nélida» reagierte er damals mit Gelassenheit. Erst viele Jahre später, unter dem Einfluß der Fürstin von Sayn-Wittgenstein, ließ er seinen Zorn an der Gräfin aus, und zwar in unwürdiger Weise. Als er die Nachricht von Maries Tod erhielt, richtete er keine Zeile an ihre gemeinsame Tochter Cosima, sondern bemerkte in einem Brief an die Fürstin, daß seine ehemalige Geliebte *in höchstem Maße eine Vorliebe, ja eine Leidenschaft für das Falsche gehabt habe.*

Zweifellos hatte Marie d'Agoult den stärksten Einfluß auf Liszts Leben. In den zehn Jahren (1834–44), in denen sie das geistige Zentrum seines sonst oft haltlosen Daseins bildete, wuchs Liszt zum reifen Mann heran. Manches, was er später wurde, stimmte mit dem überein, was Marie d'Agoult für ihn anstrebte und gern aus ihm gemacht hätte. Sie ist wohl auch die einzige Frau, die Liszt wirklich liebte, wenn er überhaupt wahre Liebe zu einer Frau gekannt hat.

Daß sie ihn liebte, darüber kann es keinen Zweifel geben. Gewiß ist Liebe nicht genug, um eine dauerhafte Vereinigung zu sichern, und es ist der Gräfin oft vorgeworfen worden, sie sei für Liszt nicht «groß»

oder «gut» genug gewesen. Und doch mag es sich anders verhalten haben. Darauf deuten manche Passagen in den Briefen hin, die Marie in den Jahren vor dem Bruch an Liszt schrieb:

«Beim Himmel, lassen Sie nur noch Liebe zwischen uns sein! Ich will nichts anderes auf dieser Welt, und ich verlange nichts anderes in der allerunbegrenztesten Folge von Leben oder Paradiesen, aber machen Sie diese Liebe nicht so rauh, so unbesonnen, so quälend, wie Sie es manchmal tun. Haben Sie Mitleid. Ihr Stolz wird auch dabei auf seine Rechnung kommen» (Mai 1840).[43]

Die Insel Nonnenwerth. Lithographie, um 1840

«Bewahren Sie meine Liebe, wenn Sie es können; sie gehört Ihnen, heute so vollkommen wie in den ältesten Tagen. Ich fürchte ein bißchen, daß das Übel daher kommt, daß Sie die Wahrheit nicht mehr vertragen können und keinerlei Zügel dulden» (Mai 1840).[44]

«Sie werden mein Herz zerbrechen, ohne Nutzen für irgend jemand – aber vielleicht ist das Ihre Bestimmung... Warum haben Sie mich daran gehindert, zu sterben?» (1843).[45] Liszts Antwort ist aufschlußreich. Er beruft sich auf seine Genialität: *Meine Fehler, mein Unrecht und meine Narrheiten gehören zu der Eigenart meiner Persönlichkeit, wenn sie auch, oberflächlich betrachtet, eine gewisse Ähnlichkeit mit den Fehlern, dem Unrecht und der Narrheit der anderen haben.*[46]

Und im August 1845, nachdem sie sich von Liszt losgesagt hatte, schrieb Marie d'Agoult an eine Freundin: «Wenn ich die Rolle, die ich in seinem Leben spielen wollte, wirklich hätte spielen können, so hätte ich es noch einmal versucht; so sehr habe ich den Bruch mit dem einzigen Wesen, das ich mit Leidenschaft und Seelengröße geliebt habe, bedauert. Aber das Gefühl, das meine ganze innere Stärke ausmacht, hat sich dagegen aufgelehnt, und so bin ich nun, so wie ich es mit zwanzig Jahren war – allein; nur reicher an Wissen um alle Schmerzen.»[47]

Erst nach dem Bruch schrieb die Gräfin «Nélida». Dies war gewiß nicht klug, denn der Roman spiegelt all ihre Enttäuschungen und Ressentiments; außerdem ist er kein literarisches Meisterwerk. Und trotzdem darf er nicht als bloßer Racheakt abgewiesen werden.

Auch nach «Nélida» haben sich Marie und Liszt einige Male gesehen und haben weiterhin korrespondiert. Erst 1866 hat Liszt die Rolle gespielt, die ihm die Fürstin von Sayn-Wittgenstein aufgezwungen hatte. Am 13. April 1866 berichtet Liszt der Fürstin *über den Abend bei Nélida, die mich natürlich nicht wieder einlädt...*

Nélida teilte mir mit, daß sie beabsichtige, ihre Lebenserinnerungen zu veröffentlichen. Ich erwiderte, ich hielte es für nicht möglich, daß sie ihre Lebenserinnerungen schreiben könne, denn was sie so betitelte, würde sich nur beschränken auf Verstellung und Lügen (poses et mensonges). – Damit habe ich zum ersten Male bei ihr reinen Tisch gemacht in der Frage des Wahren und Falschen. Es sind harte Worte, aber ich mußte sie aussprechen, um meine Pflicht zu erfüllen. Da eine Fortsetzung des geistigen Verkehrs mit ihr für mich unmoralisch geworden wäre, blieb mir, als ich sie wiedersah, nichts anderes übrig, als mich auf die Pflicht zu stützen. Im übrigen ist die Rolle des Guermann eine alberne Erfindung. Es ist Zeit, ein für allemal ein Ende zu machen mit dieser Art von lehrhaftem Sentimentalismus.[48]

Raabe, nicht weniger als die große Mehrzahl der Liszt-Biographen, will seinen Helden von aller Schuld befreien. Seine «Verteidigung» ist für diese Richtlinie typisch: «Der heftige Zorn Liszts, der bei ihm, dem Nachgiebigen und Gütigen, so selten war, erklärt sich, wenn man daran denkt, daß die Gräfin d'Agoult in dem Jahre, in dem diese letzte Begegnung stattfand (1866), unbegreiflicher- und unentschuldbarerweise eine neue Auflage der ‹Nélida› in die Welt gehen ließ.»[49]

Raabes Logik ist nicht ganz klar. Zunächst war Liszts Zorn nicht so selten, wie es fast immer geschildert wird. Auch war die Gräfin empört, daß sich der «Don Juan parvenu» zum Abbé hatte weihen lassen – was ihr als Heuchelei erscheinen mußte; drittens war sie zu jener Zeit eine vielgelesene Autorin, die daran interessiert war, daß ein vergriffenes Werk von ihr wieder verlegt wurde. Daß Rache auch eine Rolle dabei spielte, ist anzunehmen. Obgleich es Marie d'Agoult gelang, ihr zerstörtes Leben wieder zu normalisieren, und sie in ihrem literarischen Erfolg einen Ausgleich fand, hat sie Liszt nie vergessen oder ihm verzeihen können für das, was sie als Hochverrat an der Liebe empfand.

Marie d'Agoult, um 1870. Fotografie

DER UNVERGLEICHBARE VIRTUOSE

Liszt sah in seinem kurzen, aber triumphalen Wiener Aufenthalt 1838 den Schluß des zweiten Aktes seines *geringfügigen Lebenswandels*. In späteren Jahren schrieb er über sein *Wieder-Auftreten in Wien, dessen Erfolg mich zur Virtuosenlaufbahn bestimmte*. Den dritten Akt bezeichnete er als: *Concert Reisen: Paris, London, Berlin, Petersburg etc.: Fantasien, Transcriptionen, Saus und Braus.*[50]

So war es auch. Mehr als acht Jahre hindurch lebte Liszt in Saus und Braus als der gefeiertste Virtuose der Welt und wohl aller Zeiten. Er

Liszt im Konzertsaal. Radierung von Theodor Hosemann

verkehrte mit dem höchsten Adel, erntete überschwengliche Kritiken, wurde vom Publikum vergöttert; die Frauen warfen sich ihm zu Füßen. Und in denselben Jahren brachte er es zu alldem noch fertig, viel Musik zu schreiben.

Die oben von Liszt erwähnten Städte sind nur ein kleiner Teil derer, in denen der Unermüdliche auftrat. Er durchkreuzte wiederholt ganz Europa. Nur nach England konnte er nach 1841 nicht mehr gehen, denn die britische Öffentlichkeit mißbilligte zu sehr seinen ungehemmten Lebenswandel und seine höchst unbritische Unbescheidenheit.

All seine Triumphe zu schildern wäre müßig, denn überall wiederholten sich dieselben Szenen von Begeisterung, Jubel, Banketten, Ehrungen und weiblicher Anbetung. Es seien also nur einige Höhe- und Tiefpunkte herausgegriffen.

Ende 1839 begibt sich Liszt zum erstenmal seit seiner Kindheit nach Ungarn. Dieser Aufenthalt wird zu einer einzigen Ekstase, die den umjubelten Meister sehr für das Land seiner Geburt einnahm. Ein Berichterstatter schrieb, daß Liszt in Budapest in ungarischer Festtracht spielte. Nach dem Konzert «traten sechs Magnaten und adlige Magistratspersonen in vollem, prächtigen Nationalkostüm hervor, und Graf Leo Festetics überreichte ihm einen Säbel, dessen Scheide, silbern und vergoldet, von alter getriebener Arbeit, reich mit Edelsteinen besetzt war. Der tobendste Sturm des Beifalls und Entzückens machte erst dann einer Grabesstille Platz, als Liszt, von innerer Bewegung blaß bis an die Lippen, mit beiden Händen den Säbel an die Brust drückend, ans Orchester trat und in einer französischen Rede dankte... Als Liszt den Schauplatz verließ und ins Freie trat, war der Platz mit Tausenden bedeckt, und eine Menge Fackeln umgaben seinen Wagen, die sich fortwährend ins Unzählige vermehrten. Nun setzte sich der Zug in Bewegung. Er war von solcher Ausdehnung, das Jauchzen, Eljen- und Vivatrufen so ungestüm und ununterbrochen, daß zwei vollständige Militärmusikchöre, die an der Spitze und am Ende marschierten, sich durchaus nicht beirrten, ja sich nicht einmal hörten.»[51]

Die Säbel-Übergabe, seine ergebnislosen Bemühungen um die Verleihung eines Adelstitels, die Abenteuer und die oft albern wirkende Vergötterung Liszts lieferten Stoff für manche Karikaturen und satirische Glossen jener Zeit. Es kursierten Geschichten, wahre oder erfundene, von Damen, die seine Zigarrenstummel sammelten und diese an ihrem Busen aufbewahrten; die ihm förmlich Stücke aus den Kleidern rissen, und so weiter. In Berlin wurden Handschuhe mit seinem Bildnis verkauft; es gab Liszt-Bonbons und Liszt-Tabatièren, und dergleichen mehr. Liszts Abschied von Berlin, wo er in etwas mehr als zwei Monaten 21 öffentliche und verschiedene private Konzerte gab, wird von einem Augenzeugen geschildert:

«Der Augenblick der Abfahrt war da. Ein Wagen, mit sechs Schimmeln bespannt, rollte vor das Hotel; Liszt wurde unter dem Zujauchzen der Menge fast die Treppe hinabgetragen und in den Wagen gehoben, wo er zwischen den Senioren der Universität seinen Platz hatte. Dreißig vierspännige Wagen mit Studierenden, eine Anzahl Reiter im akademischen Festornat gaben ihm das Geleit. Zahllose andere Wagen hatten sich angeschlossen; zu vielen Tausenden umwogte die Menge die Abfahrenden. Der Zug nahm zuerst seinen Weg nach den Linden, umbog den Platz, der für das Denkmal Friedrichs des Großen bestimmt ist, und wandte sich so nach der neuen Schloßbrücke zurück und dann über die Schloßfreiheit, den Schloßplatz, durch die Königstraße nach dem Frankfurter Tor zu. – Nicht nur die Straßen und Plätze, sondern auch die Fenster aller Häuser waren dicht mit Zuschauern und Zuschauerinnen erfüllt...»[52]

Nur in Leipzig stieß Liszt 1840 zunächst auf Indifferenz und Feindseligkeit, die wahrscheinlich auf persönliche Ressentiments und ungeschickte «public relations» zurückzuführen waren, die aber durch sein Auftreten und sein Spiel überwunden wurden. 1841 musizierte er zum erstenmal in Weimar und gewann sich als Freund und Gönner den Erbgroßherzog von Sachsen-Weimar, Karl Alexander. Ende 1842 war Liszt wieder in Weimar und wurde zum Hofkapellmeister in außerordentlichen Diensten ernannt. Von nun an werden seine Beziehungen zu dieser Stadt immer enger. Schon ab 1844 ist Liszt zwischen seinen Konzerttourneen als Hofdirigent dort tätig, und als er 1847 das Konzertieren aufgab, wurde Weimar zu seinem festen Wohnsitz.

In den Jahren des Virtuosentums trat Liszt häufig in Deutschland auf und nahm regen Anteil an dem Musikleben dieses Landes. Auch interessierte er sich zunehmend für die deutsche Literatur, und seine Deutschkenntnisse verbesserten sich, obwohl er nach wie vor beim Schreiben und Sprechen die französische Sprache vorzog. Er machte die Bekanntschaft aller führenden deutschen Musiker, und schon damals reagierten diese sehr verschieden auf Liszts Spiel, auf seine musikalischen Neigungen und auf seine Persönlichkeit. Bereits zu dieser Zeit machten sich die Unterschiede bemerkbar, die später zur heftigen Parteinahme für oder gegen Liszt führen sollten. Für manche Deutsche war er ein zu fremdartiges Wesen – so auch für Robert Schumann, der am 18. März 1840 an seine Braut Clara Wieck schrieb: «Mit Liszt bin ich fast den ganzen Tag zusammen... Wir sind schon recht grob gegeneinander, und ich hab' oft Ursache, da er gar zu launenhaft und verzogen ist durch Wien. Und wie er doch außerordentlich spielt und kühn und toll und wieder zart und duftig – das habe ich nun alles gehört. Aber Clärchen, diese Welt ist meine nicht mehr, ich meine seine. Die Kunst, wie Du sie übst, wie ich auch oft am Klavier beim Komponieren, diese schöne Gemütlichkeit geb' ich

Liszt mit dem Ehrensäbel. Karikatur von A. J. Lorentz

Robert Schumann. Lithographie von Joseph Kriehuber, 1839

doch nicht hin für all seine Pracht – und auch etwas Flitterwesen ist dabei, zu viel! Liszt kam nämlich sehr aristokratisch verwöhnt hier an und klagte immer über die fehlenden Toiletten und Gräfinnen und Prinzessinnen, daß es mich verdroß und ich ihm sagte, wir hätten hier auch unsere Aristokratie.»53

Liszt und Schumann waren zu verschieden, als daß sie sich hätten verstehen können. Es entstand eine merkwürdige Freundschaft, zu der Liszt viel mehr beitrug als Schumann; außerdem fühlte sich letzterer durch Liszts Eintreten für Wagner gekränkt. Trotzdem hat Liszt die Musik Schumanns gefördert und selber aufgeführt. Er half auch Schumanns Frau Clara, die aber später einen glühenden Haß gegen ihn entwickelte, der sie keineswegs ehrt und der sich sogar auf Liszts Schüler erstreckte.

Ein Sonderkapitel in dieser Periode bildet die Feier zur Einweihung des Beethoven-Denkmals 1845 in Bonn. Die Vorgeschichte geht auf das Jahr 1839 zurück. Als Liszt erfuhr, daß man die Mittel für ein Beethoven-Denkmal nicht aufbringen konnte, empfand er dies als «Schande» und erklärte spontan, er werde das fehlende Geld aus eigener Tasche zur Verfügung stellen. Da er eine beträchtliche Summe dazu beitrug, wur-

*Lola Montez.
Zeitgenössisches
Bildnis*

de er mit der Leitung der Feierlichkeiten, der Komposition einer Kantate und dem Dirigieren eines Konzertes betraut. Trotz des ungemein großzügigen Verhaltens von Liszt gab es zwischen ihm und den Mitwirkenden viele Unstimmigkeiten, die allgemein der Gehässigkeit von Liszts Gegnern zugeschrieben werden. Ernest Newman hingegen vermutet, daß das plötzliche Auftreten und das Benehmen der berühmt-berüchtigten Tänzerin Lola Montez zu Liszts Schwierigkeiten mit dem Komitee beigetragen haben. Die gefeierte Tänzerin (und spätere Freundin von König Ludwig I. von Bayern) war eine der vielen kurzen Liebschaften Liszts, der er sich nur mit Mühe wieder entziehen konnte. Die Legende erzählt, der Meister habe die Schöne in ihrem Hotelzimmer eingesperrt und die Schlüssel dem Portier übergeben, mit der Weisung, die Tobende erst zwölf Stunden nach seiner Abfahrt freizulassen. In weiser Voraussicht habe Liszt sogar einen Betrag für das zertrümmerte Mobiliar hinterlegt.

DER GRÖSSTE VIRTUOSE ALLER ZEITEN

Zeitgenössische Berichte und Briefe lassen keinen Zweifel darüber: als Virtuose ist Liszt einmalig in der Geschichte. Die Wirkung, die sein Spiel auf die Zuhörer hatte, muß ungeheuer gewesen sein; heute kann man sich diese kaum vorstellen, denn sie beruhte zum Teil auf Eigenschaften, die zu späteren Zeiten ganz anders eingeschätzt wurden.

Zu diesen gehört in erster Linie das «Theater», das Liszt bei öffentlichen Auftritten veranstaltete: die romantischen Gebärden, das Zurschaustellen seelischer Regungen, das ausdrucksvolle Mienenspiel, das verklärte Gesicht, die Bewegungen der Hände. Indessen darf man ihm wegen dieser Podium-Allüren keine großen Vorwürfe machen. Denn einerseits hat das damalige Publikum dies erwartet, und zum anderen war das Schauspiel zum großen Teil echt. Man darf dem Bericht von Ludwig Rellstab, dem Kritiker der Berliner «Vossischen Zeitung», Glauben schenken, wenn er zunächst Liszts ungezwungenen Auftritt und freundliche Ansprache beschreibt und dann fortfährt: «Unter dieser Erweckung der

Enthüllung des Beethoven-Denkmals in Bonn am 12. August 1845

Liszts Reinschrift einer frühen Fassung der 5. Consolation, 1842

vorteilhaftesten Eindrücke setzt er sich an das Instrument. Jetzt wird ein neuer Geist in ihm lebendig. Er lebt die Musikstücke in sich, die er vorträgt. Während er mit erstaunenswürdigster Gewalt der Mechanik eigentlich alles leistet, was bisher von irgend jemand einzelnem bezwungen worden ist, und außerdem noch ein ganzes Füllhorn neuer Erfindungen, völlig ungekannter Effekte und mechanischer Kombinationen vor uns ausschüttet, so daß die aufs höchste gespannte Erwartung und Forderung sich weit überflügelt sieht: bleibt doch der eigentümlichste Geist, den er diesen wunderwürdigen Formen einhaucht, das bei weitem anziehendere, anregendere und fesselndere Element. Diese geistige Bedeutsamkeit seines Kunstwerkes prägt sich aber auf das lebendigste in seiner Persönlichkeit aus. Die Affekte seines Spiels werden zu Affekten seiner leidenschaftlich aufgetürmten Seele und finden in seiner Physiognomie und Haltung den treuesten Spiegel. Seine künstlerische

Leistung wird zugleich eine Tatsache des Innern, sie bleibt nicht getrennt von ihm, sondern wirkt in dem mächtigen Bündnis mit dem Geist, der sie erzeugt.»[54]

Sogar seine Gegnerin Clara Schumann wurde von seinem Vortrag der «Don Juan-Phantasie» in Bann gehalten: «Sein Vortrag des Champagnerliedes wird mir unvergeßlich bleiben, dieser Übermut, diese Lust, mit der er spielte, war einzig; man sah den Don Juan vor den springenden Champagnerstöpseln in seiner ganzen Ausgelassenheit, wie ihn sich Mozart nur irgend kann gedacht haben.»[55]

Man gewinnt den Eindruck, daß Liszts Fähigkeit, sich völlig in der Musik zu verlieren und sich dabei emotionell «gehenzulassen», einen guten Teil seines Erfolgs bestimmte. Dies hat Théophile Gautier indirekt bestätigt, als er 1844 in «La Presse» schrieb: «An Franz Liszt lieben wir, daß er immer der gleiche Künstler geblieben ist, feurig, wild, mit fliegenden Haaren, derselbe musikalische Mazeppa, den ein zügelloses Klavier durch die Steppen der Zweiunddreißigstelnoten schleift; fällt er, so ist es nur, um als König wieder aufzustehen! Mit einem Wort: er ist ein Romantiker heute wie ehemals.»[56]

Der schon erwähnte Beitrag Liszts zur Entwicklung der Klaviertechnik ist epochemachend gewesen und bildet den Ausgangspunkt des modernen Klavierspiels bis Debussy, Ravel und Prokofjew. Schon früh hat

Zauberer Liszt am Klavier. Anonymes Aquarell

Berlioz das Eigenartige an Liszts Spiel erkannt und folgendermaßen beschrieben: «Was ich bezüglich der Technik als tatsächlich Neues bei den unendlichen unter Liszts Hand entstehenden Tonmassen unterscheiden konnte, beschränkt sich auf Akzente und Nuancen, die auf dem Klavier hervorzubringen man allgemein für unmöglich gehalten hat und die bisher tatsächlich unerreichbar waren. Hierher gehören: ein breiter einfacher Gesang; lange klingende und streng gebundene Töne; sodann ganze, in gewissen Fällen mit äußerster Heftigkeit und doch ohne Härte und ohne an harmonischem Glanz einzubüßen nur so hingeworfene Notenbüschel; ferner Melodienreihen in kleinen Terzen, diatonische Läufe in der Tiefe und in den Mittellagen des Instruments (wo bekanntlich die Saitenschwingungen nachhaltiger sind) mit unglaublicher Schnelligkeit staccato ausgeführt, und zwar so, daß jede Note nur einen kurzen gedämpften Ton erzeugte, der sofort erlosch und von dem vorhergehenden sowohl wie vom nachfolgenden streng getrennt war.»[57]

Nur dank dieser unglaublichen technischen Beherrschung des Instruments konnte Liszt seine Klangzauberei verwirklichen. Einer seiner Schüler drückte es so aus: «In der Technik war es die Elastizität und Unabhängigkeit aller Gelenke voneinander bei gleichzeitigem ‹Federn› derselben miteinander (selbstverständlich sozusagen ‹unmerklich›), worauf sowohl Kraft als Tonschönheit – der sogenannte schöne Anschlag – beruhen mußte. Er äußerte gelegentlich das Paradoxon: ‹Die Hände müssen mehr in der Luft schweben als an den Tasten kleben›, oder ‹Um Beethoven zu spielen, muß man mehr Technik haben, als dazu gehört!›»[58]

Viele zeitgenössische Berichte betonen den freien, fast launenhaften Charakter von Liszts Vortrag. Der Komponist Felix Dräseke sagte: «Ich kann sein Spiel mit keinem anderen Virtuosen vergleichen, und es am besten so charakterisieren, daß ich stets den Effekt hatte, das betreffende Stück entstehe erst unter seinen Händen, wirke also auf mich wie eine künstlerische Improvisation. Und so konnte es auch ganz leicht geschehen, daß bei einer anderen Wiedergabe dasselbe Stück als ein ganz neues uns entgegentrat. Subjektiv war sein Spiel durchaus und auch von Stimmungen abhängig, aber doch stets der wiedergegebenen Komposition entsprechend und ihr volles Recht widerfahren lassend, da die Auffassung stets edel und groß berührte.»[59]

Einen Einblick in den Effekt dieses Spiels auf das Publikum gibt ein Artikel im «Corsaire», der 1844 in Paris erschien: «Und er – kommt, setzt sich an den Flügel, ohne etwas zu merken, in seine Aufgabe versunken, gedankenvoll, zitternd im Fieber der Eingebung. Er fährt zerstreut mit der Hand über das Klavier, er prüft das Instrument, er liebkost es, streichelt es zuerst sanft, um sich zu vergewissern, daß es ihn nicht mitten im Rennen im Stich lassen, nicht unter seinen Fingern zerbrechen wird; dann wird er warm, läßt sich hinreißen und tobt darauflos ohne Mitleid. Der Aufschwung ist genommen, folge ihm, wer kann! Das hingerissene, begeistert tief aufatmende Publikum kann seine Beifallsrufe nicht mehr zurückhalten, man stampft fortdauernd mit den Füßen, das gibt ein anhaltend dumpfes Geräusch, dazwischen einzelne Schreie, die unwillkürlich ausgestoßen werden, flüsternd wird wieder

Grand Galop chromatique

Stille geboten; die wird mühselig hergestellt, bis endlich am Ende des Stückes, auf dem Höhepunkt der Leistung, alles losbricht und der Saal widerhallt von einem einzigen Donner des Beifalls.»[60]

Liszts Programmgestaltung läßt für heutige Begriffe sehr viel zu wünschen übrig, doch spiegelt sie den damaligen Geschmack und die damalige Praxis wider. Seine eigenen Fantasien über Opernthemen und Bearbeitungen von Ouvertüren, Liedern usw. anderer Komponisten überwiegen; daneben stehen vereinzelte Sätze aus Symphonien und Sonaten Beethovens, Hummels und vieler anderer; Originalwerke von Chopin, Weber und Originalwerke von Liszt selber. Viele Programme schließen mit seinem populären *Chromatischen Galopp*. Das Konzert, das Liszt zum Beispiel 1847 in Kiew spielte, setzte sich folgendermaßen zusammen: Andante aus «Lucia di Lammermoor»; Fantasie über Motive aus «Norma»; Andante con variazioni von Beethoven; Tarantella von Rossini; Mazurka von Chopin; Polonaise aus «I Puritani»; und der *Grand Galop chromatique*, eines seiner Paradestücke.

Liszt war jedoch der erste, der zumindest eine gewisse Einheitlichkeit in die Programmgestaltung seiner Zeit brachte, indem er ganze Abende allein bestritt und das «piano recital» einführte. Vorher war es üblich, daß zwei oder mehr Künstler sich an einem Abend abwechselten.

DER KÖNIG DANKT AB

Was ist das doch für eine widerliche Notwendigkeit in dem Virtuosenberufe – dieses unausgesetzte Wiederkäuen derselben Sachen! Wie oftmals habe ich nicht die «Erlkönig»-Stute besteigen müssen! [61]

So schrieb Liszt 1868, zwanzig Jahre nach dem Abdanken des «Königs der Pianisten». Auch dieses Abdanken ist einmalig in der Musikgeschichte: ein gefeierter, verwöhnter, sagenhaft erfolgreicher Virtuose bricht seine Karriere plötzlich ab und nimmt sie nie wieder auf. Und zwar tut er dies auf dem Gipfel seines Ruhmes. Künftig wird er relativ selten vor der Öffentlichkeit spielen, und nie wieder wird er allein ein ganzes Konzert bestreiten.

Was ist geschehen? Was hat diesen Künstler umgestimmt, der sich 1839 *zur Virtuosenlaufbahn bestimmt* fühlte? Bei seinem komplizierten Leben ist es schwer zu sagen, zumal er von diesem Zeitpunkt ab beginnt, selber zur Liszt-Legende beizutragen. Wahrscheinlich spielten diverse künstlerische und persönliche Momente und Erwägungen eine Rolle. Der Siebenunddreißigjährige hatte wohl endlich genug von «Saus und Braus», von Fackelzügen, Ehrungen, Banketten und, bis zu einem gewissen Grade, sogar von den Liebesaffären, obwohl er keineswegs ganz und gar darauf verzichten konnte. Sicherlich wurde er das Leben eines reisenden Virtuosen leid – nicht zuletzt wegen der obligatorischen Wiederholungen ein und derselben Bravourstücke.

Hinzu kommen Gründe rein künstlerischer Natur. Schon lange hegte er schöpferische Ambitionen und Pläne, die sich im Strudel des Virtuosenlebens kaum realisieren ließen. Er hatte unzählige Opern-Fantasien und Transkriptionen geschrieben, die zu den besten dieses Genres zählen und die eine enorme Imaginationskraft offenbaren. Doch stehen solche Stücke auf einem anderen künstlerischen Niveau als die ernsten Werke eines Beethoven, Schumann, Berlioz oder Chopin.

Die Komposition großer Werke verlangt viel Zeit und Konzentration, und Liszt wußte nicht, wie er dazu kommen sollte. 1845 hielt er um die

Hand der Gräfin Valentine Cessiat an; diese Heirat, die nicht zustande kam, hätte ihn wieder nach Frankreich zurückgebracht. Vor seiner großen Konzertreise nach Rußland 1846 versicherte er in einem Brief vom 6. Oktober dem Großherzog von Sachsen-Weimar, *wie sehr ich vorgezogen haben würde, mich friedlich in Weimar niederzulassen*, und fährt fort: *Mit 35 Jahren kommt für mich der Moment, den Puppenzustand meines Virtuosentums zu zerbrechen und meinen Gedanken freien Lauf zu lassen, natürlich mit dem Vorbehalt, weniger herumzuflattern... Als weitaus wichtigstes Ziel gilt es mir jetzt, meinem Schaffen das Theater zu erobern, so wie ich es während der sechs letzten Jahre meiner Persönlichkeit als Künstler erobert habe. Ich hoffe, daß das nächste Jahr nicht vorübergehen soll, ohne daß ich zu einem entscheidenden Ergebnis in dieser neuen Laufbahn gekommen sein werde... Anderenteils bin ich augenblicklich durch meine beständigen Geldnöte so sehr beengt und auf das bestimmteste entschlossen, nie einen Pfennig Schulden zu machen.*[62]

Die letzten Soloabende spielte Liszt fast symbolischerweise in Konstantinopel und Südrußland: in Odessa und Elisabethgrad. Er schreibt: *Dieser Punkt Elisabethgrad bezeichnet auch für mich die letzte Etappe des Konzertlebens, wie ich es während dieses ganzen Jahres durchgeführt habe. Indessen, ich glaube imstande zu sein, meine Zeit besser verwerten zu können, und indem ich darauf warte, will ich mich ruhig verhalten, um schneller damit voran zu kommen.*[63]

Inzwischen hatte er die Lösung seines Problems gefunden – durch einen merkwürdigen Zufall. Im Februar 1847 spielte er in Kiew. Dort lernte er die Fürstin Carolyne von Sayn-Wittgenstein kennen. Beide empfanden sofort eine große Sympathie füreinander. Liszt besuchte die Fürstin für einige Tage auf ihrem abgelegenen Gut in Woronince. Als er seine letzten Konzerte in Rußland absolviert hatte, kehrte er nach Woronince zurück, wo er einige Monate verbrachte und wo gemeinsame Zukunftspläne geschmiedet wurden. Im Januar 1848 fuhr Liszt nach Weimar, und im April folgte ihm die Fürstin mit ihrer einzigen Tochter und deren Gouvernante. Sie kamen im allerletzten Augenblick über die russische Grenze, die kurz danach wegen der Revolutionsgefahr in Europa geschlossen wurde.

Liszt war der Fürstin entgegengereist, und das Paar verbrachte einige Tage bei Liszts treuem Freund, dem Fürsten Felix Lichnowsky, auf dessen Schloß Grätz. Von dort aus wollte die Fürstin Abstecher nach Raiding und Eisenstadt machen, um die wichtigsten Schauplätze von Liszts Kindheit kennenzulernen, doch mußte der Plan wegen der aufkeimenden Revolution aufgegeben werden. So fuhr das Paar direkt nach Weimar, wo die Fürstin die stattliche «Altenburg» mietete; um den Schein zu wahren, wohnte Liszt zunächst im «Hotel Erbprinz». Er hatte seine Gönnerin, die Großherzogin Maria Pawlowna, Schwester des Zaren, in seine Pläne eingeweiht und war ihrer Protektion für die Fürstin sicher.

Das sind die Tatsachen. Sie zu interpretieren ist nicht einfach, denn die Motive – die der Fürstin sowie die des Meisters – sind nicht ganz klar. Wie bereits erwähnt sind von diesem Augenblick an sämtliche Briefe, Erklärungen und Äußerungen Liszts mit Vorsicht zu beurteilen, denn

Liszt, um 1848. Stich von A. Weger nach einer Fotografie

die Fürstin hat ihn von Anfang an beherrscht; darüber dürfte heute kein Zweifel mehr bestehen. Und sämtliche Äußerungen der Fürstin können nur als tendenziös betrachtet werden, denn sie war es, die systematisch das Liszt-Bild nach ihrem Modell entstehen ließ.

Aber um den Menschen und Künstler Liszt zu verstehen, ist es doch absolut notwendig, einen Versuch zu machen, solche unumgänglichen Fragen zu beantworten, wie: Warum hat Liszt sich mit der Fürstin vereint? Und umgekehrt: Warum wollte die Fürstin Liszt unbedingt an sich binden? Ferner: Wie war das wirkliche Verhältnis zwischen den beiden? Und damit zusammenhängend: Wie hat sich dieses Bündnis auf Liszts Schaffen ausgewirkt?

Diese und andere Fragen, die zu stellen ich als unumgänglich bezeichne, sind bis jetzt aber fast immer umgangen worden. Lina Ramann und ihre unzähligen Nachschreiber erklären, es sei einerseits eine «rauschende Leidenschaft», andererseits eine keusche Liebe gewesen, die das Paar verband – eine kindisch-plumpe Erklärung, die keiner akzeptieren kann, der unvoreingenommen die Dokumente studiert und darüber nachgedacht hat. Peter Raabe kommt der Wahrheit manchmal nahe, vor allem in seiner Einschätzung der Fürstin; aber er schreckt davor zurück, daraus Konsequenzen zu ziehen, die für Liszt unvorteilhaft wären. Mit Recht mißtraut Raabe der Glaubwürdigkeit von Lina Ramann und anderen, aber er kann sich nicht von der Vorstellung befreien, daß es seine Aufgabe sei, Liszt im bestmöglichen Lichte darzustellen und ihn deshalb gegen «Verleumdungen» blindlings zu verteidigen. So trägt Raabe manches zur Verschleierung der Tatsachen bei und macht dadurch sein Liszt-Porträt unglaubhaft. Oder aber er nimmt keine Notiz von Dokumenten, die ihm fast sicher bekannt waren. Und er läßt sich nicht durch die Widersprüche stören, die in seinem eigenen Werk erscheinen, das bis heute die fundierteste Arbeit über Liszt bleibt und die deswegen von fast allen späteren Biographen übernommen wurde.

Ein ernsthafter Biograph sollte nicht solche Urteile fällen, wie es Raabe tat, als er sich über einen gewissen Viktor Joss äußerte, der 1902 in einem Buch über Schumanns Schwiegervater Friedrich Wieck geschrieben hatte, daß Wieck «die unwürdige Gewinnsucht des großen Klaviervirtuosen gegeißelt habe». Hierzu Raabe: «Wer aber im Jahre 1902 ein Buch über musikgeschichtliche Vorgänge des neunzehnten Jahrhunderts schrieb, der m u ß t e wissen, daß Liszt einer der uneigennützigsten, wohltätigsten, hilfreichsten Künstler gewesen ist, die gelebt haben, und durfte dem Andenken dieses edlen Menschen keinen Makel anhängen.» Und in einer Anmerkung sagt Raabe weiter: «Abfällig über die geschäftlichen Maßnahmen [Liszts] äußerten sich auch die Zeitungen ‹Rosen›, ‹Eisenbahn› und ‹Nordlicht›.» Auch das «Dresdener Wochenblatt» habe – nach Raabe – «einen sehr üblen Feldzug gegen Liszt geführt».[64]

Raabes Standpunkt bleibt dem von Lina Ramann doch immer recht ähnlich: Alles, was Liszts makellosen Charakter in Zweifel stellen könnte, ist nicht wahr, denn jeder weiß, daß Liszts Charakter makellos war. Zeitgenössische Berichte und Dokumente, die mit dieser Voraussetzung übereinstimmen, werden gern zitiert; diejenigen, die diesen widersprechen, werden übergangen oder als abfällig bagatellisiert.

Liszts Verhältnis zu der Fürstin Carolyne von Sayn-Wittgenstein ist in all seinen Details dermaßen mit Fiktionen überzogen worden, daß man Mühe hat, die Fakten herauszuschälen. Heute aber weiß man viel mehr darüber, als Raabe wußte oder schreiben wollte bzw. aus verschiedenen Gründen durfte. Inzwischen sind auch manche Dokumente bekannt geworden – darunter der traurige, für Liszt wenig rühmliche Briefwechsel zwischen ihm und seinen Kindern und die wertvollen Recherchen des gebürtigen Ungars Émile Haraszti, der einen großen Teil seines Lebens in Frankreich verbrachte und sich besonders für Liszt interessierte.

Anfang September 1847 schrieb Liszt an seine Mutter: *Die Lösung meiner Lebensfrage naht ... Das Jahr 1847 bringt mir Glück.*[65] Raabe zitiert einen Teil aus diesem Brief, doch einen wichtigen Satz läßt er weg: *Es ist nicht unmöglich, daß ich schließlich ein sehr gutes Geschäft mache, aber ich wage nicht davon zu sprechen aus Angst, daß ich mich lächerlich mache...*[66]

Ein sehr gutes Geschäft war die Fürstin in der Tat, denn es war ihr gelungen, kurz vor der Flucht aus Rußland viele ihrer Güter zu verkaufen und den Erlös davon mit über die Grenze zu nehmen. Später hat die Fürstin allerdings so getan, als ob sie alles, darunter ihr gesamtes Vermögen, zurückgelassen habe, um Liszt zu folgen. Doch berichtet der berühmte Diplomat und Historiker Theodor von Bernhardi, der eine Zeitlang am Weimarschen Hofe attachiert war, daß die Fürstin zwei Millionen Rubel gerettet habe. Derselbe Bernhardi, dessen 1893 veröffentlichte «Briefe und Tagebuchblätter» eine wichtige und fast gänzlich übersehene Quelle bilden, berichtet ebenfalls, daß Liszt entsetzt war, als die Fürstin ihm ihren Entschluß mitteilte, Rußland zu verlassen, um sich mit ihm zu verbinden. Zwar reiste er ihr an die Grenze entgegen, um sie zu empfangen, das war Ehrensache, doch wollte er sich nicht mit einer – wie es in dem Moment den Anschein hatte – vermögenslosen Fürstin belasten.

Wahrscheinlich interessierte sich Liszt auch für Carolyne, um seiner früheren Geliebten Marie d'Agoult zu zeigen, daß sich sogar eine Fürstin um ihn bemühte. Diesen Eindruck erweckt ein Brief Liszts, den er im Dezember 1847 aus Woronince an die Gräfin richtete. Deren Antwort lautete: «Um so besser. Diese Frau d'un grand caractère, wie Sie sagen, wird sicherlich nicht gewillt sein, Ihr Leben zu teilen. Sie wird nicht eine von Ihren Maitressen sein wollen; und da Sie im Laufe der letzten vier Jahre zum Punkte der Übersättigung und des tödlichen Ekels vor den Freuden ohne Liebe haben gelangen müssen, so müssen Sie mit Freude den Faden ergreifen, der Ihnen angeboten wird, damit Sie aus dem Labyrinth herauskommen.»[67]

Und was hatte die Fürstin zu gewinnen? Von ihrem Standpunkt aus sehr viel. Jeanne Elisabeth Carolyne von Sayn-Wittgenstein wurde 1819 im russischen Gouvernement Kiew geboren. Ihre Eltern trennten sich kurz nach ihrer Geburt, und das Kind lebte die meiste Zeit bei seinem Vater, Peter von Iwanowsky, einem polnischen Großgrundbesitzer, dessen Trost und hauptsächliche Beschäftigung das Lesen war. In der ländlichen Isoliertheit verbrachten Vater und Tochter ganze Nächte beim Lesen, wobei beide große Zigarren rauchten – eine Gewohnheit, die Carolyne auch weiterhin beibehielt. Eine französische Gouvernante sorgte für die Erziehung Carolynes. Während des Sommers nahm die Mutter sie mit auf ihre Reisen durch ganz Europa, und beide verkehrten in der vornehmsten Gesellschaft jener Zeit.

Siebzehn Jahre alt, wurde Carolyne mit dem Fürsten von Sayn-Wittgenstein vermählt, einem lebenslustigen russischen Rittmeister deutschen Geblüts, dessen Charakter viel zu wünschen übrigließ. Nach der Geburt des einzigen Kindes, der Prinzessin Marie, lebte das Ehepaar getrennt. Als Carolynes Vater starb, erbte sie ein Vermögen, das zum

Carolyne von Sayn-Wittgenstein, um 1850

großen Teil aus Grundbesitz bestand und zu dem 30 000 Leibeigene gehörten. Von Woronince aus verwaltete die Fürstin das Vermögen und ging geschäftlich jedes Jahr nach Kiew. Dort traf sie im Februar 1847 den Virtuosen Liszt und lud ihn zu sich ein.

Liszts Interesse für die Fürstin gab ihr die Hoffnung, dem monotonen Dasein entfliehen zu können. Was nutzte ihr ein Vermögen, wenn ihr Leben keinen Inhalt und kein Ziel hatte? Und konnte es eine höhere Aufgabe geben, als einem Genie zu helfen, sein besseres Ich zu realisieren – es vor dem nutzlosen, verderblichen Lebenswandel zu retten, der seine gottgegebenen Talente erdrosselte? Um eine solche Aufgabe zu erfüllen, konnte man alles – Familie und Besitztum – opfern.

Man darf nicht bezweifeln, daß solche idealistischen Gedanken die Fürstin bewegt haben, denn ihre Haltung und späteren Taten bestätigen es. Als sie beschloß, Liszt nach Weimar zu folgen, war sie außerdem der festen Überzeugung, ihre Ehe mit dem Fürsten würde annulliert und ihr Bündnis mit Liszt durch eine neue Eheschließung gesegnet werden.

Dieser Punkt ist nicht unwesentlich, denn die Fürstin war tief religiös, und zwar im streng katholischen Sinne. In dieser Hinsicht haben sich die beiden gleich verstanden, denn die schlummernde Frömmigkeit Liszts brauchte nur wieder geweckt zu werden. Schon immer hatten sich bei ihm Perioden des «Sündigens» und der «Reue» abgelöst, wie aus seinen Briefen an vertraute Freundinnen (nie an Freunde!) hervorgeht. Er hatte sein ganzes bisheriges Leben hindurch unter der Wiederkehr eines Circulus vitiosus gelitten, den er von sich aus nicht durchbrechen konnte. Nach einer Zeit der Stille und mit Arbeit erfüllter Beschaulichkeit verlangte er nach Geselligkeit, Cognac (wovon er übermäßig viel zu sich nahm) und Liebesabenteuern; als er dann von den Vergnügungen übersättigt war, empfand er diese als eitlen Trug und sehnte sich nach einem ruhigen, geordneten Dasein.

Als Liszt der Fürstin begegnete, hatte er eine lange Periode des bewegten Lebens hinter sich. Marie d'Agoult hat diesen Zustand richtig erkannt, als sie zum erstenmal unverblümt ihre Meinung über seine Lebensart aussprach – und zwar in dem Brief, den wir bereits zitiert haben. Obwohl Liszt sich der Gräfin gegenüber verteidigte, hat er selber wohl eingesehen, daß er so nicht weiterleben könne, wenn er seine hochgesteckten künstlerischen Ambitionen realisieren wollte.

Er war als größter Klaviervirtuose der Welt anerkannt und konnte unbesiegt die Arena verlassen. Nun galt es, eine ähnliche Stellung als Dirigent und Komponist zu erobern. Auch hier trafen seine Ambitionen mit denen der Fürstin zusammen, die Liszt für den größten Komponisten seiner Zeit hielt (und ihn viel höher als Wagner einstufte). Vor allem waren sie sich einig über das enge Verhältnis, das zwischen Musik und Dichtung bestehen mußte.

Leider verstand die Fürstin wenig von Musik – eine Tatsache, die ihre Auswirkungen haben sollte. Dafür war sie sehr gebildet, ja sogar gelehrt, da sie ungemein viel gelesen hatte. Dies hat Liszt sicherlich beeindruckt, nicht weniger als ihr hoher adeliger Rang. Ferner brachte die Fürstin Liszt eine grenzenlose Bewunderung entgegen, die ihm lebensnotwendig war. Damit war ein Ersatz geschaffen für den Beifall des Publikums, an den sich Liszt seit seiner Kindheit gewöhnt hatte.

All diese Faktoren haben zu der Vereinigung Liszts mit der Fürstin von Sayn-Wittgenstein beigetragen. Es ist mehr als wahrscheinlich, daß Liszt diesen Beschluß mit offenen Augen gefaßt hat und die Nachteile des Bundes nicht nur mit in Kauf nahm, sondern sie in Vorteile umwandelte – in Vorteile für sein tägliches Leben wie für seine Kunst. Dies war bei der leidenschaftlichen Entscheidung, mit Marie d'Agoult zu fliehen, nicht der Fall. Aber der Liszt, dem Carolyne begegnete, war um etliche Jahre älter, weiser und nicht zuletzt abgeklärter (müder) als der damalige Pariser Salonlöwe. Er wird 1847 eingesehen haben, daß auch er gewisse Opfer bringen, und vor allem, daß er sich eine Einengung seiner Freiheit gefallen lassen müsse und daß dieser Verzicht letztlich seiner Kunst zugute kommen würde.

So tritt er, nach neun Jahren «Saus und Braus», die Weimarer Jahre an, die die produktivsten seines Lebens wurden. Diese Periode dauerte zwölf Jahre und ist von Anfang bis Ende durch die Persönlichkeit der Fürstin von Sayn-Wittgenstein, Liszts «Liebe auf höchster Ebene», geprägt.

DIE WEIMARER JAHRE

Anfang 1848 wurde Liszts lockere Verbindung zum Weimarer Hof zu einer ständigen; einer recht sonderbaren allerdings, denn als Hofkapellmeister wurde sein Honorar aus der Schatulle der Großherzogin Maria Pawlowna und aus der der Erbgroßherzogin Sophie bestritten. Liszt schreibt am 28. Februar an die Fürstin: *Zwischen meinen Theaterbeschäftigungen habe ich die Hofkonzerte vorzubereiten, Ihrer Königlichen Hoheit der Erbgroßherzogin wöchentlich vier oder fünf Gesangstunden zu geben, einer jungen, sehr intelligenten Prinzessin mit einer reizend klingenden Stimme; dann einen Männerchor einzuüben und, was unerträglich ist, endlose Briefschreibereien zu erledigen.*[68]

Gelegentliche Kompositionen wurden bestellt und extra honoriert. Im ganzen aber war Liszts Einkommen äußerst bescheiden. Nur die aus Rußland geretteten Geldsummen der Fürstin ermöglichten die üppige Lebenshaltung auf der Altenburg.

Erstaunlicherweise war die erste Oper, die unter Liszts Leitung herauskam, die belanglose «Martha» von Friedrich von Flotow. Doch stellte sich die Wahl dieses Werkes als klug heraus, denn «Martha» konnte von den sehr bescheidenen Kräften des Weimarer Hoftheaters selber bestritten werden. Außerdem war es die erste Oper, die Liszt überhaupt dirigierte, und sie bot dem noch unerfahrenen Dirigenten keine Schwierigkeiten.

Es ist heute fast unglaublich, unter welchen Einschränkungen Liszt arbeitete. 1851, drei Jahre nach Liszts Amtsantritt, bestand das Hoftheater aus 35 Orchestermitgliedern, 29 Chormitgliedern und sieben

Die Altenburg in Weimar. Aquarell von C. Hoffmann

Tänzern, die das Ballett bildeten. Bis zum Ende seiner Weimarer Tätigkeit hatte Liszt nie ein ständiges Orchester von 40 Mann. Wie miserabel die Orchestermitglieder bezahlt wurden, bezeugen Liszts Briefe an den Großherzog, in denen er für eine bessere Bezahlung plädiert.

Und doch hat Liszt mit diesem Stammorchester Wagners «Tannhäuser», «Lohengrin» und «Der fliegende Holländer» aufgeführt, ferner Berlioz' «Benvenuto Cellini» und «Romeo und Julia», Schumanns «Manfred» und viele größere Opern von Meyerbeer, Verdi, Cornelius und anderen. Während seiner Weimarer Amtszeit, das heißt, von Anfang 1848 bis Ende 1858, hat Liszt selber 43 Opern dirigiert, darunter manche bekannte (Beethovens «Fidelio», Donizettis «Favoritin», Glucks «Alceste», «Armida» und «Orpheus», Nicolais «Die lustigen Weiber von Windsor», Rossinis «Graf Ory» und «Wilhelm Tell», Webers «Euryanthe», Mozarts «Don Giovanni» und «Die Zauberflöte») und viele, die inzwischen in Vergessenheit geraten sind. Der Spielplan wurde durch Opern ergänzt, die von Gastdirigenten geleitet wurden, so daß es im kleinen Weimar einen regen Opernbetrieb gab.

Dank der Anwesenheit und der unermüdlichen Tätigkeit Liszts genoß Weimar während eines Jahrzehnts eine musikalische Blütezeit, die an den vergangenen Ruhm der Ära Goethes und Schillers erinnerte. Um Liszt zu sehen und um die von ihm aufgeführten neuen Werke zu hören, kamen zahlreiche prominente Musiker nach Weimar, und viele wohnten auf der Altenburg. So zum Beispiel Liszts alter Freund Hector Berlioz, dessen Werken Liszt 1852 und wieder 1855 ein Festival widmete; Robert Schumann kam zur Aufführung von «Manfred» (1852) und «Genoveva» (1855); und, mirabile dictu, auch Johannes Brahms, der 1853 drei Wochen auf der Altenburg wohnte. Die zwei kurzen Aufenthalte Richard Wagners sind ein Kapitel für sich. Dazu kamen die vielen Schüler und Jünger, die längere Zeit in Weimar zubrachten und die Liszts Entourage bildeten: Hans von Bülow, Joseph Raff, Joseph Joachim, Peter Cornelius, Agnes Street, Dionys Pruckner, Carl Tausig, Karl Klindworth und viele andere. Der Schülerkreis, der von Jahr zu Jahr wechselte, war in der Qualität sehr unterschiedlich, obwohl (oder vielleicht gerade weil) Liszt keine Bezahlung annahm; manche Schüler hat er sogar finanziell unterstützt.

An die Fürstin schrieb er über seinen Unterricht: *Die meiste Zeit bin ich gezwungen, ihnen Glieder zu erfinden, die sie nicht haben, und bis jetzt habe ich noch niemand gefunden, der mit Kopf und Herz meinen Wünschen und meinem künstlerischen Ehrgeiz entspräche* (Bülow und Tausig waren damals noch nicht bei ihm). *Das ist mir ein wahrer Kummer, der noch unendlich dadurch verstärkt wird, daß jeden Tag fühle, wieviel mir selbst fehlt – und die Schwierigkeiten erkenne, eine Form für die Ebbe und Flut der Gefühle, Gedanken, Gebete, Klagen und höchsten Hoffnungen zu finden, die mich einigermaßen befriedigt.*[69]

Im Musikzimmer der Altenburg wurden Musikabende veranstaltet, an denen Liszt selbst teilnahm. Da dies fast die einzige Gelegenheit war, den legendären Virtuosen zu erleben, pilgerten unzählige Musikliebhaber nach Weimar, um diesen Abenden beizuwohnen. Die meisten wurden freundlich empfangen, denn Liszts Großzügigkeit war nicht weniger stark ausgeprägt als die Vorliebe der Fürstin für große Gesellschaften. August Heinrich Hoffmann von Fallersleben, ab 1854 ein häufiger Gast der Altenburg, berichtet über die Abende, welche die Fürstin gab: «Sie waltete wahrhaft fürstlich durch ihre Gastfreundschaft und die Art und Weise, wie sie ihre Gäste empfing und zu beehren verstand. Sie war geistreich, vielseitig gebildet, belesen, eine Kunstkennerin, hatte in vielen Dingen ein richtiges Urteil, war immer bereit, jedes edle Streben zu fördern, erwies sich gegen andere freundlich, teilnehmend, unterstützte Arme und Kranke und wußte diejenigen, die sie ehrte und liebte, bei allen Gelegenheiten auszuzeichnen.»[70]

Ein anderer Beobachter hat allerdings ein grundverschiedenes Porträt der Fürstin hinterlassen. Theodor von Bernhardi schildert sie als laut, aufdringlich-neugierig, taktlos und dominierend. Liszt bezeichnet er als charakterlich schwach und der Fürstin hörig, ohne eine eigene Meinung. Die beiden hätten ihre Umgebung in nur zwei Kategorien eingeteilt: in nützliche und in schädliche.

Offensichtlich hatte Bernhardi eine besonders starke Aversion gegen Liszt und die Fürstin und hat deshalb manches übertrieben. Doch stimmt es, daß die Fürstin viele irritierte.

Hans von Bülow schrieb darüber: «Während sie stundenlang spricht, gönnt sie ihrem Interlokuteur kaum eine halbe Minute zu einer Re-

Liszt dirigiert. Karikatur von A. Theuerkauf

plique... Mit einer bewunderungswürdigen Schärfe, mit stets neuen, nie oberflächlichen Behauptungen führte sie die Unterhaltung, indem sie die schwersten Pflanzerzigarren dabei rauchte und einen fürchterlichen Qualm verursachte... Alchemie und Rachel, Malerei und deutsche Nationalität, kurz, der ganze Makrokosmus und Mikrokosmus wurde durchgesprochen und die Fürstin war wieder der Glanzpunkt aller Gespräche. Es wurde scharf über die Deutschen losgezogen... Ich fühlte den ganzen Abend heftiges Kopfweh, so hatte mich das Reden der Fürstin angegriffen.»[71]

Die Altenburg führte ein eigenes Leben, das mit dem des Hofes oder dem der Stadt wenig in Berührung kam. Oft waren die Fenster der Altenburg bis in die frühen Morgenstunden erhellt, was die guten Bürger mit Mißtrauen sahen. Liszt war wegen seiner arroganten Haltung, die Fürstin wegen ihrer bizarren Kleidung und ihres Zigarrenrauchens unbeliebt; hinzu kam, daß die beiden zusammen lebten, ohne verheiratet zu sein. Liszt hat es bald aufgegeben, die «Weimarer Esel», wie er sie nannte, für sich und sein künstlerisches Programm zu gewinnen, doch hat es ihn stets geärgert, daß die Einheimischen gegen ihn waren. Wenn man aber die kleinstädtischen Verhältnisse des damaligen Weimar, mit seinen 12 000 Seelen, in Betracht zieht, so war es einfach unrealistisch, die Leute tagtäglich vor den Kopf zu stoßen und dann zu erwarten, daß sie einem freundlich gesinnt waren.

Liszt konnte es sich leisten, die Weimarer zu ignorieren, denn er hatte die besten Beziehungen zum Hofe. Trotzdem ist es ihm nicht gelungen, jene größeren Geldsummen zu erlangen, die er für nötig hielt, um Weimar zu dem Musikzentrum zu machen, das ihm vorschwebte. Im Laufe der Zeit vermehrten sich auch die Reibereien und Zwiste zwischen Liszt und anderen Personen am Hofe. Hofintendant Franz Freiherr von Dingelstedt mag – oder mag nicht – zu dem Theaterskandal beigetragen haben, der den Anlaß zu Liszts Demission bildete. Gewiß war der Musiker Liszt für den Schauspieldirektor Dingelstedt ein «Rivale», denn Gelder, die man für Opernproduktionen brauchte, wurden oft vom Schauspieletat abgezogen.

Dauernd hatte Liszt gegen die Geschmacklosigkeit mancher Vorstellungen gekämpft, insbesondere gegen solche Darbietungen wie etwa: «Gastspiel des berühmten Zwerges Admiral Tom Pouce»; «Ägyptischer Zauberpalast mit dreihundert silbernen und goldenen Apparaten»; «Große Vorstellung in der geheimen ägyptischen Zauberei». Liszt hat seine unverblümte Meinung über die Intendanz nicht nur ausgesprochen, sondern auch in der Presse veröffentlicht.

Als Dirigent wurde Liszt einerseits bewundert, andererseits getadelt. Daß es ihm an Erfahrung, Routine und Dirigiertechnik fehlen mußte, ist klar. Es sei für die Musiker schwer gewesen, seinen mehr auf Ausdruck als auf Ensemble gerichteten Gesten zu folgen. Ein Freund Liszts berichtete, daß er einmal völlig vergaß, den Takt zu schlagen. Andere wiederum haben über die Resultate gestaunt, die Liszt schon in wenigen Proben erreichen konnte.

Daß die meisten Konzerte schlecht besucht waren, ist aber auf andere

Gründe zurückzuführen – nicht zuletzt auf die große Zahl neuer Werke, die Liszt in Weimar aufführte. Seine Programme enthielten einen verhältnismäßig großen Prozentsatz moderner Musik, darunter viele Uraufführungen eigener Kompositionen. Es interessierte das Weimarer Publikum wenig, daß ihre Stadt zum Bollwerk der radikalen Neudeutschen Schule und deshalb in ganz Europa berühmt geworden war. Sie mochten diese wilden neuen Klänge ebensowenig wie deren Schöpfer und Verfechter. Das Weimarer Publikum konnte kaum anders sein, als es war: konservativ und provinziell, tief in der deutschen Tradition verwurzelt und nur für sie empfänglich. Es war unklug von Liszt, Weimar nach Pariser oder Wiener Maßstäben messen zu wollen oder zu erwarten, daß seine Musik, deren Wesen französisch war, ein Publikum ansprechen könne, das weder die kulturellen noch die psychologischen Voraussetzungen dazu besaß.

All diese Dinge sind post facto kristallklar. Für Liszt aber, der mit soviel Energie und mit soviel Idealismus versuchte, Weimar zu einem bedeutenden Kulturzentrum zu machen, waren sie weniger klar, denn er steckte mittendrin und sah seine Anstrengungen auf allen Seiten gering geschätzt, mißverstanden und verpönt. So wurde zum Beispiel sein grandioses Projekt für eine Goethe-Stiftung europäischen Ausmaßes mit Sitz in Weimar von der Bürgerschaft blockiert. Auch wurde er immer wieder von den lokalen Behörden wegen Kleinigkeiten belästigt. Liszt klagte über die *schreckliche Unmoral in den Prozeduren der Justiz*.

Ende 1858 fielen *die letzten Tropfen, die den Eimer zum Überfließen brachten, der längst voll war*, wie Liszt an den Großherzog schrieb. Bei der Uraufführung der Oper «Der Barbier von Bagdad» von Peter Cornelius, Liszts Jünger und Sekretär, wurde heftig gezischt. Daraufhin legte Liszt sein Amt nieder, und damit ging die kurze Glanzzeit Weimars zu Ende.

Der Großherzog Karl Alexander unternahm es vergebens, Liszt umzustimmen. Noch Anfang 1860 bat er seinen Exkapellmeister um Erklärungen; Liszt antwortete ihm in einem langen, sehr aufschlußreichen Brief, der hinter einigen bitteren Bemerkungen die aufrichtige Freundschaft zwischen den beiden Männern erkennen läßt. Unter anderem heißt es:

Machen Sie es nicht wie die Fürsten, die die Fähigkeiten ihrer Diener mißbrauchen, indem sie sie in verkehrter Weise gebrauchen; was nicht im Interesse des Künstlers liegt, liegt auch niemals in dem seines Schutzherrn. Wer mir wohl will, muß sich an den Geist, nicht an den Buchstaben meiner Fähigkeiten halten. Was tut's, ob ich den Taktstock bei einer Vorstellung führe, wenn ich ihr nur Leben eingehaucht habe, und das hängt nicht von der Bewegung meines Armes ab, sondern von der Tätigkeit meines Geistes. Was ist der Erfolg des Systems vom status quo bei Hummel gewesen, einem ganz gewiß hochbegabten Künstler? Daß man ihn zur Maschine gemacht hat, ihn abgestumpft und ihn in der Kunstwelt entwertet, wo seine K a p e l l m e i s t e r t ä t i g k e i t soviel wie nichts gilt. Weimar hat ihn moralisch entmannt – und welchen Vorteil hat Weimar davon gehabt? Ich beneide sein Los nicht, und werde

Liszt in der Weimarer Zeit. Gemälde von Wilhelm von Kaulbach

meine Laufbahn nicht nach der seinen einrichten, wenn ich auch stolz wäre, Werke zu schaffen, die den seinigen gleichkommen, vor allem denen, die er geschrieben hat, ehe er hier entkräftet zusammenklappte ...

Sind Eure Königliche Hoheit mir zugetan? Nehmen wir an: ja. Warum sind Eure Königliche Hoheit mir zugetan? Wahrscheinlich weil Sie mir einen geistigen Wert zuerkennen. Jeder Mensch von geistigem Wert kann nur seine eigenen Ideen haben. Wenn man seine Vorzüge nutzbar machen will, so kann man das nur, indem man ihn nach seinen Ideen handeln läßt ...

Wenn Sie mir wohlwollen, Königliche Hoheit, gewähren Sie mir dann, mit einem Titel und Rang bei Hofe, die Möglichkeit, auf Theater und Musik in Ihrer Stadt Einfluß auszuüben ... Obgleich ich gar nicht mehr öffentlich auftreten würde, wäre ich immer zu Ihrer Verfügung für alle Arten musikalischer Tätigkeit in Ihren Salons; ich würde es als Vergnügen betrachten, dort als Ihr Kapellmeister aufzutreten, obgleich ich von jetzt an völlig auf diesen Titel verzichte. Wenn es sich um eine Aufführung von Werken handelte, für die ich mich interessiere, würde ich die Proben leiten und alle nötigen Geschäfte übernehmen, die zu erledigen sind, um den wünschenswerten Erfolg zu erzielen.

Zum Schluß des Briefes deutet Liszt weitere Gründe an, warum er bei dem einmal gefaßten Entschluß blieb:

Es handelt sich hier darum, mich um jeden Preis an einer Heirat zu verhindern, zu der ich durch meine Geburt nicht bestimmt bin, aber die ich zu verdienen glaube, wie ich ohne falsche Bescheidenheit sage.

Die Schwierigkeit ist so groß, darüber bin ich mir klar, daß ich hier in Weimar wohl unterliegen kann. Statt mich hier zu halten auf die einzige Art, auf die ich hier bleiben kann, wird man Sie überreden, daß Sie nicht gut zu mir sein können.[72]

Seit Jahren hatte nämlich die Fürstin alles versucht, ihre Ehe mit dem Fürsten Wittgenstein für ungültig erklären zu lassen. Dazu hat sie jede Strategie und jede Beziehung benutzt: einige Male stand die Fürstin kurz vor dem Ziel, aber da wurde von anderer Seite aus alles wieder zunichte gemacht. Ihre Situation verschlechterte sich zusehends, als sie sich weigerte, dem Befehl des Zaren Folge zu leisten und nach Rußland zurückzukehren. Daraufhin konnte sie am Weimarer Hofe nicht mehr empfangen werden, und den meisten Höflingen schien es ratsam, ihre Gesellschaft zu meiden. Auch wurde das noch in Rußland verbliebene Vermögen der Fürstin konfisziert. Der Scheidungsfall ist so verwickelt, daß man wohl nie alle Intrigen und Machenschaften entwirren können wird. In der Hoffnung, endlich vom Vatikan eine Annullierung ihrer Ehe zu erzwingen, begab die Fürstin sich im Mai 1860 nach Rom. Der geplante kurze Aufenthalt dauerte jedoch bis zu ihrem Lebensende. Fünfzehn Monate nach ihrer Abfahrt aus Weimar folgte ihr Liszt.

WEIMARER KOMPOSITIONEN

Kaum ein anderer Komponist hat Werke geschrieben, die in der Qualität und in der Ästhetik so unterschiedlich sind wie die Franz Liszts. Wenn man die Opern-Paraphrasen und Fantasien der dreißiger Jahre mit den besten Werken der Weimarer Periode vergleicht, ist man zunächst geneigt, von einer großen künstlerischen Entwicklung zu sprechen. Gewiß ist es ein langer Weg von der *Hugenotten-Fantasie* oder dem *Grand Galop chromatique* (1837 und 1838) zu der *Faust-Symphonie* (1857), und gewiß hat sich Liszt in den dazwischenliegenden Jahren musikalisch weiterentwickelt. Aber dies ist nur eine Seite des Bildes.

Wie bei wenigen Komponisten muß man hier die A b s i c h t e n des Schöpfers in Betracht ziehen, um zu einem richtigen Urteil zu gelangen. In ihrer Art ist die *Hugenotten-Fantasie* ebenso ein Meisterwerk wie die *Faust-Symphonie*. Unter Tausenden von ähnlichen Fantasien sind die Lisztschen weitaus die besten. Und man könnte fast behaupten, der *Grand Galop chromatique* sei ein gelungeneres Werk als die *Faust-Symphonie*, denn wenn man einen Grand Galop chromatique schreiben wollte, könnte man es kaum besser machen, während man an der *Faust-Symphonie* einiges beanstanden kann.

Ich will dieses Argument nicht ad absurdum weiterführen; aber es ist nicht abwegig, wenn man mit dem Lisztschen Œuvre zurechtkommen will. Oft ist man geneigt, zu fragen: wie k o n n t e Liszt nur solch triviale Dinge schreiben? Um eine zufriedenstellende Antwort zu erhalten, muß man weiterfragen: was hat Liszt mit diesem Werk beabsichtigt? Diese Frage taucht bei anderen Komponisten des 19. Jahrhunderts relativ selten auf. Fast alle haben nur Kunstwerke auf hohem künstlerischem Niveau schaffen wollen. Aber keiner hat eine ähnliche Laufbahn durchmessen wie Liszt, und diese Laufbahn schlägt sich in der Musik nieder. Außerdem ist eine «hohe Absicht» keinerlei Garantie für künstlerische Qualität. Dies bezeugen Hunderte von Werken, die den Himmel stürmen wollten, aber nur Langeweile produzierten. Die Tatsache, daß Liszt in späteren Jahren viele seiner frühen Stücke überarbeitete und neu gestaltete, kann nur bedeuten, daß er diese für keineswegs minderwertig hielt. Daß er auch in seinen letzten Jahren Opern-Paraphrasen schrieb, macht die Lösung des Liszt-Rätsels nicht gerade einfacher.

Bedeutet dies, daß es Liszt an gutem Geschmack mangelte? Man könnte diesen Standpunkt einnehmen, und man hätte wohl bis zu einem gewissen Grade recht. Jedoch besteht bei Liszt die Gefahr, daß man ihn auf Grund seiner schwachen Werke ablehnt bzw. daß man sich sein ganzes Werk durch ein paar vulgäre Passagen verderben läßt. Von Liszts Schaffen ist nur ein Bruchteil durch Aufführung in Konzertsaal oder auf Schallplattenaufnahmen bekannt. Einige dieser bekannten Werke sind abgedroschen oder durch Assoziationen abgenutzt worden, wie zum Beispiel *Les Préludes*, die im Dritten Reich wichtigen Bekanntgebungen im Rundfunk vorausgingen. Andere wiederum, zum Beispiel die späten Klavierwerke, sind fast völlig unbeachtet geblieben.

Um in den vollen Genuß der Musik Liszts zu kommen, muß man

Hector Berlioz

manche Vorstellungen, die sonst allgemeingültig sein mögen, einfach beiseite räumen und sich auf das Eigenartige, ja sogar Einzigartige seiner Musik konzentrieren. Man darf nicht versuchen, Liszt in die deutsche Musik- oder Kulturtradition einzureihen, denn dies führt zu Verwirrungen und vielleicht zu Enttäuschungen. Man muß die Fähigkeit besitzen, Gefallen an Musik zu finden, die nicht immer tiefgründig ist oder sein will, die in erster Linie und im besten Sinne «unterhalten» will. Man muß, vor allem bei den Klavierwerken, imstande sein, die subtilen Farben und Klänge dieser Musik zu vernehmen.

Die Weimarer Jahre, die keineswegs so ruhig verliefen, wie Liszt es sich vorgestellt haben mag, waren trotzdem außerordentlich produktiv. Es entstanden, neben unzähligen kleineren Werken, die zwei *Klavierkonzerte*, die *Ungarischen Rhapsodien*, die *Faust-* und *Dante-Symphonien*, die *Graner Messe, Zwei Episoden aus Lenaus Faust*, die große *Klaviersonate* und die zwölf symphonischen Dichtungen, die Liszts wichtigsten Beitrag zur Musikgeschichte darstellen.

Soweit ein einziger Komponist als Erfinder einer Form betrachtet werden kann, ist Liszt der Erfinder der symphonischen Dichtung. Von seinem Freund Berlioz, dessen Werke er bewunderte und dirigierte, hat er viele unüberhörbare Impulse erhalten – vor allem von der «Symphonie fantastique». Doch ist Liszts Einstellung zur Programmusik – denn um diese Gattung handelt es sich – durchaus seine eigene. Berlioz' «Programm» ist viel konkreter als das Lisztsche; bei Berlioz werden nicht nur Stimmungen hergestellt, sondern Ereignisse und Geschehnisse musikalisch geschildert. Liszts symphonische Dichtungen hingegen entspringen der Überzeugung, daß Musik und Dichtung in engen Zusammenhang gebracht werden müßten. Er spricht von der *Erneuerung der Musik durch ihre innigere Verbindung mit der Dichtkunst, welche eine freiere Entwicklung der Kunst ermöglicht, und die dem Geist der Zeit mehr entsprechen würde*[73].

Diese *innigere Verbindung mit der Dichtkunst*, die Liszts Leitprinzip war, führte vor allem zu einer Lockerung der musikalischen Form, die aus der poetischen Phantasie des Komponisten entstand. So wurden Form und Inhalt von jeglicher schematischen Vorstellung befreit – was nicht heißen soll, daß Fragen der Kontinuität über Bord geworfen wurden, sondern daß diese vielmehr durch psychologische Momente motiviert waren. Liszt komponierte nach Ideen; gewissermaßen komponierte er n u r Ideen und Sinnbilder, denn nirgends findet man in seinen symphonischen Dichtungen jene Art Schilderung, die man mit dem Begriff «Programmusik» gemeinhin assoziiert.

Im Vorwort zur symphonischen Dichtung *Orpheus* kommt seine Absicht sehr deutlich zum Ausdruck: *Heute wie ehemals und immer ist es Orpheus, i s t e s d i e K u n s t, die ihre melodischen Wogen, ihre gewaltigen Akkorde wie ein mildes, unwiderstehliches Licht über die widerstrebenden Elemente ergießt, die sich in der Seele jedes Menschen und im Innersten jeder Gesellschaft in blutigem Kampf befehden.*[74]

Es wäre vielleicht besser gewesen, wenn Liszt in manchen Fällen auf die Bezeichnung «symphonische Dichtung» verzichtet hätte, denn die Anspielung auf Programmusik ist irreführend. Interessanterweise wurde sein bekanntestes Werk dieser Art erst nachträglich mit einem poetischen «Programm» versehen; *Les Préludes* war schon fertig, als Liszt nach einem passenden Gedicht suchte und die Lamartinesche Meditation wählte. Die symphonische Dichtung *Festklänge* hieß ursprünglich *Festouvertüre*, und *Hungaria* hätte ebensogut «Ungarische Rhapsodie» genannt werden können.

Liszt aber legte großen Wert auf die von ihm erfundene Bezeichnung. Für ihn schloß der Begriff «symphonische Dichtung» all das ein, wofür er kämpfte – nämlich eine neue Musik, die fähig sein sollte, durch ihre enge Verbindung mit der Dichtkunst unerforschte Ausdruckssphären zu erschließen. Er war sich bewußt, daß seine Ideen und seine Musik auf heftige Opposition stoßen mußten und daß sein Weg kein leichter sein würde. An seine Freundin Agnes Street schrieb er 1860:

Was man auch tun möge, dieser Gedanke ist unüberwindlich und wird triumphieren, denn er ist ein wesentlicher Bestandteil der Summe richtiger und wahrer Gedanken unserer Zeit, und es ist mir ein Trost, ihm treu, gewissenhaft und ohne Eigennutz gedient zu haben. Er schreibt, es wäre für ihn leichter gewesen, wenn er ein *Eiferer für die guten und lauteren Überlieferungen von Palestrina bis Mendelssohn geworden wäre*, und fährt fort: *Aber meine Überzeugung war zu fest, mein Glaube an die Gegenwart und die Zukunft zu glühend und zu gewiß, als daß*

Titelblatt der «Faust-Symphonie»

ich mich den leeren Verdammungsformeln unserer Pseudoklassiker anpassen könnte, die sich überboten in dem Schrei: die Kunst verlöre sich, die Kunst sei verloren! 75

Die Neudeutsche Schule, mit Liszt an der Spitze, hatte viele Gegner in Musikkreisen, in der Presse und im Publikum. Die Lautstärksten waren die konservativen Kritiker, die sich in ihren Beschimpfungen gegenseitig überboten. Hier nur einige Proben:

«Liszt ist bloß eine ordinäre Person mit gesträubten Haaren – ein Snob aus dem Irrenhaus. Er schreibt die häßlichste aller existierenden Musik» (London, 1843).

«Wir werden sehr wenig über Monsieur Liszts Kompositionen sagen. Seine Musik wäre unverzeihlich für jeden, außer ihn selbst. Das sind Improvisationen ohne Ordnung und ohne Ideen; ebenso anmaßend wie bizarr» (F. Scudo, führender Pariser Kritiker, 1852).

«Es war, als ob man eine Symphonie von Beethoven rückwärts gespielt hätte» (New York, 1870).

«Liszts Orchestermusik ist eine Beleidigung der Kunst. Sie ist musikalische Hurerei, wildes und unzusammenhängendes Gebrüll» (Boston, 1872).

«Ein sehr aufmerksames und genaues Hören [der *Faust-Symphonie*] offenbarte uns kaum mehr als eine Reihe von brutalen und spasmodischen Effekten, grob aneinandergereiht und mit verzerrenden Kontrasten versehen... Zu oft hat Liszt arrogante Selbsthauptung mit den Anregungen eines Genies, konfuse Undeutlichkeit mit metaphysischer Tiefe und unverschämte Mißachtung aller klassischen Modelle mit einer angeborenen Originalität verwechselt, die wir bis jetzt in seinen Werken nicht entdecken konnten – außer im negativen und abstoßenden Sinne» (London, 1880).

Als unbeugsamer Liszt-Gegner wird meist der einflußreiche Wiener Kritiker Eduard Hanslick zitiert. Seiner ästhetischen Überzeugung nach konnte Hanslick wenig Geschmack an der Neudeutschen Schule finden, und gelegentlich hat er seine Abneigung ziemlich unverblümt zum Ausdruck gebracht. Aber ihn als «einen für sein Amt als Kritiker ganz unbefähigten Mann» abzutun (Raabe) ist unsinnig. Raabe zitiert in seiner Liszt-Biographie eine einzelne, besonders häßliche und dumme Passage von drei Sätzen, mit der offensichtlichen Absicht, Hanslick dadurch zu disqualifizieren. So wird Geschichte geschrieben, wenn man sich vornimmt, seinen Helden als vollkommen zu schildern. Das beinahe Groteske daran ist, daß Hanslick die symphonische Dichtung *Mazeppa* bespricht, ein schwaches Werk, das Raabe glühend verteidigt.

Wohl mag Hanslick in diesem Falle – wie oft – seine Abneigung übertrieben ausgedrückt haben, doch hatte er keineswegs unrecht, das Werk zu tadeln, über welches der englische Komponist und Liszt-Kenner Humphrey Searle schreibt: «*Mazeppa* gehört leider nicht zu den besten Schöpfungen Liszts; obwohl ein Teil der Musik in seiner Art aufregend genug ist, hat der Marsch eine ausgesprochen vulgäre Note – es ist flache und oberflächliche Musik.»[76] Zu Hanslicks Rechtfertigung muß man ebenfalls darauf hinweisen, daß er sich intensiv mit Liszts Musik beschäftigte und seine Urteile sehr detailliert begründete. Wenn er zum Beispiel das Oratorium *Christus* bespricht, so tut er es in einem langen Aufsatz (sechs Seiten in der Sammlung seiner Kritiken «Concerte, Componisten und Virtuosen»), der in seiner Gewissenhaftigkeit auf einem ganz anderen Niveau steht als die meisten Verrisse, in denen Liszts Musik ohne jegliche Begründung abgelehnt wird. Das Lesen der Schriften Hanslicks, mit all ihren Fehlurteilen, ist in jedem Fall ungemein interessant und instruktiv für die Kenntnis der zweiten Hälfte des 19. Jahrhunderts.

Fast alle Werke, die Liszt während der Weimarer Jahre komponierte, wurden von ihm dort uraufgeführt. Eine der Ausnahmen bildete die *Graner Messe*, die er 1856 zur Einweihung der Basilika in Gran (Esztergom) in Ungarn schrieb – eine Partitur, die ungewöhnlich große Aufführungsmittel verlangt und die damals wegen ihrer dramatischen Effekte und wegen ihres ultramodernen Stils verschiedentlich angegriffen wurde. Auch bei den Vorbereitungen für die Aufführung machte man Liszt, der sie dirigierte, das Leben durch Opposition und Intrigen schwer.

Überhaupt wuchs die Opposition gegen Liszt und seine Musik in dieser Periode. Im Dezember 1855 dirigierte er in der Berliner Singakademie ein Konzert mit eigenen Werken, das in der Presse scharf kritisiert wurde. Im Februar 1857 reagierte die Leipziger Presse ebenfalls unfreundlich auf ein Liszt-Konzert, und im November desselben Jahres wurde die *Dante-Symphonie* in Dresden verrissen. Beim Niederrheinischen Musikfest in Aachen (1857) war Liszt den Angriffen seines Erzfeindes Ferdinand Hiller ausgesetzt. In der einflußreichen Zeitschrift «Signale für die musikalische Welt» (Nr. 10, S. 116) liest man:

«So wollen wir denn unverzagt bekennen, daß wir auf seiten der Lisztschen Bestrebungen nicht stehen können und daß wir in ihnen nicht das Heil der Kunst, sondern vielmehr Unheil erblicken, umso mehr, als doch unleugbar der Ruf und Name Liszts auf viele einen imponierenden Einfluß ausüben muß und bei ihren Ansichten schwer in die Wagschale fallen dürfte. Die symphonischen Dichtungen, um nun auf das eigentliche Ziel unserer Besprechung loszusteuern, und das Klavierkonzert haben uns in ihren meisten Teilen unangenehm berührt. Wir fanden darin bloße Willkür für künstlerische Freiheit, Fantasterei für Fantasie, sonderbare Mißklänge für Neuheit und Originalität und unbedeutende Phrasen für Gedanken ausgegeben.»

Andererseits war der Musikschriftsteller und Chefredakteur der «Neuen Zeitschrift für Musik», Franz Brendel, ein großer Verfechter der Neudeutschen Schule und von Liszts Schaffen.

Auch persönlich mußte Liszt manche Enttäuschung hinnehmen. 1850 holte er den begabten jungen Geiger Joseph Joachim als Konzertmeister des Hoforchesters nach Weimar. Ende 1852 gab Joachim die Stellung wieder auf, und die Freundschaft ging allmählich in die Brüche. 1857 schrieb er:

«Ich bin Deiner Musik gänzlich unzugänglich; sie widerspricht allem, was mein Fassungsvermögen aus dem Geist unserer Großen seit früher Jugend als Nahrung sog. Wäre es denkbar, daß mir je geraubt würde, daß ich je dem entsagen müßt', was ich aus ihren Schöpfungen lieben und verehren lernte, was ich als Musik empfinde. Deine Klänge würden mir nichts von der ungeheuren, vernichtenden Öde ausfüllen. Wie sollt' ich mich da mit denen zu gleichem Zweck verbrüdert fühlen, die unter dem Schild Deines Namens und in dem Glauben (ich rede von den Edlen unter ihnen), für die Gerechtigkeit der Zeitgenossen gegen die Taten der Künstler einstehen zu müssen, die Verbreitung Deiner Werke mit allen Mitteln zu ihrer Lebensaufgabe machen? Ich kann Euch kein Helfer sein und darf Dir gegenüber nicht länger den Anschein haben, die Sache, die Du mit Deinen Schülern vertrittst, sei die meine.»[77]

Eine im März 1860 im Berliner «Echo» erschienene «Erklärung» bestätigte (in recht unfeiner Weise), daß seit etlichen Jahren zwei «Parteien» bestanden, die die Musikwelt teilten:

Die Unterzeichneten haben längst mit Bedauern das Treiben einer gewissen Partei verfolgt, deren Organ die Brendelsche Zeitschrift für Musik ist.
Die genannte Zeitschrift verbreitet fortwährend die Meinung, es stimmten im Grunde die ernster strebenden Musiker mit der von ihr vertretenen Richtung überein, erkennten in den Kompositionen der Führer eben dieser Richtung Werke von künstlerischem Wert, und es wäre überhaupt, namentlich in Norddeutschland, der Streit für und wider die sogenannte Zukunftsmusik, und zwar zugunsten derselben ausgefochten.
Gegen eine solche Entstellung der Tatsachen zu protestieren, halten die Unterzeichneten für ihre Pflicht und erklären wenigstens ihrerseits, daß sie die Grundsätze, welche die Brendelsche Zeitung ausspricht, nicht anerkennen, und daß sie die Produkte der Führer und Schüler der sogenannten «Neudeutschen Schule», welche teils jene Grundsätze praktisch zur Anwendung bringen und teils zur Aufstellung immer neuer, unerhörter Theorien zwingen, als dem innersten Wesen der Musik zuwider, nur beklagen und verdammen können.
       Johannes Brahms, Joseph Joachim,
       Julius Otto Grimm, Bernhard Scholz [78]

Die meisten Darstellungen von Liszts Weimarer Jahren vermitteln den Eindruck, daß die Fürstin Carolyne von Sayn-Wittgenstein den Komponisten ästhetisch und musikalisch «emporgehoben» und sein besseres Ich «herausgefordert» habe. Bis zu einem gewissen Grade stimmt das auch. Sie hat ihm ideale Arbeitsmöglichkeiten geschaffen und ihn buchstäblich zur Arbeit gezwungen. Sie hat ihm auch hohe Ziele gesetzt, denn für sie, die von Musik wenig verstand, war Liszt der unbestritten größte aller Komponisten, dessen Fähigkeiten keine Grenzen kannten.

Doch ist es keineswegs ausgeschlossen, daß Liszt o h n e Carolyne ebenso gute Musik geschrieben hätte – möglicherweise sogar bessere, denn sie stand ihm völlig kritiklos gegenüber.

Der Fortschritt, den Liszt in den Weimarer Jahren machte, war in erster Linie musikalisch-technischer Natur: er lernte glänzend für das Orchester komponieren.

Daß er vorher diese Fähigkeit nicht besaß, darf nicht verwundern, denn seit seinem zwölften Lebensjahr – das heißt seit seinen theoretischen Studien bei Paer – hatte er weder Gelegenheit noch Zeit dafür, weil er mit dem Klavierspiel voll ausgelastet war. In Weimar kam er als Dirigent in engen Kontakt mit dem Orchester, sooft er Werke anderer Komponisten aufführte. Doch ließ Liszt in den ersten Weimarer Jahren seine Orchesterwerke von anderen instrumentieren – insbesondere von August Conradi und Joseph Raff. Liszt fertigte nämlich eine Skizze des Werkes an, in der er mehr oder weniger präzise Hinweise für die Instrumentierung gab. Daraus stellte der Assistent die Orchesterpartitur her, die Liszt dann durchsah und revidierte. Es dauerte nicht lange, bis Liszt die Technik der Instrumentierung meisterte und zu einem ausgezeichneten Orchesterkomponisten wurde.

Nicht nur in der Behandlung des Orchesters, sondern auch in manch anderer Hinsicht verraten vor allem die symphonischen Dichtungen und die *Faust-Symphonie* den Einfluß von Berlioz, ohne dessen Vorbild die größeren Werke Liszts kaum denkbar sind. Der Geist der französischen Romantik beseelt die Musik beider Komponisten und sondert sie von der Musik eines Schumann oder Brahms stark ab. Abgesehen von ein paar weniger bedeutenden Figuren ist Richard Wagner der einzige deutsche Komponist, der von Berlioz und Liszt zu profitieren wußte, auch wenn er das Übernommene durch sein Genie umformte.

Die Weimarer Periode sah Liszt auf dem Gipfel seiner schöpferischen Kraft. Werke wie die symphonischen Dichtungen *Orpheus, Prometheus, Tasso* und *Die Ideale;* die *Faust-Symphonie,* die *Zwei Episoden aus Lenaus Faust;* die *Ungarische Rhapsodie für Klavier und Orchester;* die zwei *Klavierkonzerte;* die *Klaviersonate;* der *Totentanz* für Klavier und Orchester und viele Klavierstücke verraten eine schöpferische Phantasie, die einzigartig ist. Liszts Experimente auf dem Gebiet der Formbildung, seine Entwicklung der Technik des Leitmotivs, seine Versuche in Richtung der «endlosen Melodie» und vor allem seine harmonischen Wagnisse haben den Kurs der Musik auf viele Jahre hinaus stark beeinflußt.

LISZT UND DIE FÜRSTIN

Nicht aus purer Neugierde, sondern um Liszts schöpferische und künstlerische Tätigkeit während der Weimarer Jahre zu verstehen, müssen wir uns mit Liszts Privatleben befassen – vor allem mit seinem Verhältnis zu Carolyne von Sayn-Wittgenstein.

Wieder kommt man mit der Legende in Konflikt, welche die Fürstin selber mit allen Mitteln zu kreieren bemüht war. In dieser Legende ist Liszt der beste aller Menschen, der größte aller Künstler, der tiefdenkendste aller Philosophen, der frömmste aller Christen. Er liebt die Fürstin vorbehaltlos, und sie kann ohne seine Liebe nicht leben. Doch lieben sich die beiden nicht wie gewöhnliche Sterbliche, sondern auf einer Ebene, die irgendwo zwischen Paradies und Himmel liegt. Liszt ist der starke Mann, der alle Entscheidungen trifft, denen die Fürstin sich fügt; doch beruht Liszts Stärke darauf, daß sie ihm, sich selbst aufopfernd, zur Seite steht. Liszts bisheriges Leben war ein Irrweg, der von Gottlosen bestimmt wurde, die seiner nicht würdig waren. Nur Liszts unendliche Güte, Geduld und Ritterlichkeit haben ihn so viele Jahre hindurch davon abgehalten, die «Wahrheit» über gewisse Personen auszusagen.

In groben Zügen ist dies die Legende, die von der Fürstin von vornherein konzipiert und dann systematisch ausgebaut wurde. Liszt hat mitgespielt bzw. hat um des lieben Friedens willen mitspielen müssen.

Denn es scheint, wie bereits angedeutet, daß er von Anfang an bewußt dazu entschlossen war, sich von Carolyne führen zu lassen und, wenn es sein mußte, gute Miene zum bösen Spiel zu machen. Dies hat ihn wohl keine große Überwindung gekostet, da die Vorteile, die daraus entstanden, die Nachteile bei weitem überwogen. Er, der seit seiner Kindheit an Applaus und Schmeicheleien gewöhnt war, konnte nichts dagegen haben, wenn die Fürstin ihn für die Nachwelt verherrlichte. Unter solchen Umständen war er verständlicherweise bereit, frühere Ansichten zu revidieren und seinen Beitrag zur Legende zu leisten.

Wenn man die Situation Liszts gegenüber der Fürstin unvoreingenommen betrachtet, kann man seine Haltung verstehen, ob man sie billigt oder nicht. Was man nicht verstehen und nicht billigen kann, ist die bis heute andauernde Unfähigkeit bzw. der Widerwille der meisten Liszt-Biographen, diese Situation zu erkennen und dementsprechend darzustellen.

Der Fürstin lag vor allem daran, das Bild Marie d'Agoults zu verzerren und deren Einfluß auf Liszt als einen geringen oder negativen erscheinen zu lassen. Ihr Neid auf diese Rivalin muß ebenso grenzenlos gewesen sein wie ihr Haß, den sie hartnäckig auch Liszt einimpfte. Es ist undenkbar, daß Liszt sich so abfällig über Marie geäußert hätte, wie er es später tat, wäre er nicht durch Carolynes Haßkampagne dazu gebracht worden, oder daß er seine und Maries Kinder so herzlos behandelt hätte. Die Fürstin erwirkte nämlich, daß die Kinder aus der Nähe ihrer Mutter entfernt und zunächst in Paris unter die Obhut einer recht unsympathischen Gouvernante gestellt wurden, die die Fürstin selber bestimmte. Später wurden die Kinder nach Berlin geschickt. Nach der Trennung von Marie vergingen acht Jahre, bis Liszt sie wiedersah. Liszts Briefe an seine Kinder sind wenig verständnisvoll und gespickt mit strengen Anweisungen, deren Quelle nur die Fürstin sein kann.

Carolyne, die immer an die Zukunft dachte, sorgte dafür, daß bei der Herausgabe von Liszts literarischen Werken der Name Marie d'Agoults – der eigentlichen Autorin der Artikel aus den dreißiger und frühen vierziger Jahren – nirgends erwähnt wurde. Sie trug ebenfalls dazu bei, daß der Briefwechsel zwischen Liszt und der Gräfin viele Jahre lang nicht erscheinen konnte. Und dank dem Einfluß der Fürstin wurde die ganze Liebesgeschichte Maries und Liszts von vielen Biographen – nicht zuletzt von Lina Ramann – deformiert und verfälscht dargestellt.

Ebenso wie Marie d'Agoult herabgewürdigt werden mußte, mußte das Bild eines idealen Verhältnisses zwischen Liszt und der Fürstin geschaffen werden. Dies geschah nicht nur im alltäglichen Verkehr (Altenburg-Besucher berichten über die übertriebenen Kosenamen, mit denen die beiden sich überschütteten), sondern auch schriftlich.

Beim Lesen der Briefe, die Liszt während kurzer Trennungen täglich an die Fürstin zu schreiben hatte, ist es einem nicht ganz geheuer. Passagen wie die folgende berühren peinlich: *Sie fragen mich in Ihrem heutigen Brief: «Was ist Ihr erster Gedanke beim Aufwachen, die erste Sorge Ihres Tages?» Ach! hören Sie es nicht, fühlen Sie es nicht, sind Sie dessen nicht sicher? Sie und wieder Sie, und ohne Ende Sie! Zu Ihnen spreche ich, um Sie weine ich – und ich preise Sie, segne Sie, bete Sie an und liebe Sie! ...* (1851)[79]

Die bombastische Sprache Liszts ist nur von der Fürstin übertroffen worden. Sicherlich sind Liszts Liebesschwüre als Antwort auf die Verstiegenheiten zu verstehen, die in Carolynes Briefen zu lesen sind. So schrieb sie: «Ich liege zu Deinen kleinen, geliebten Füßen – ich küsse sie, ich wälze mich unter Deinen Sohlen und lege sie auf meinen Nacken – mit meinen Haaren fege ich den Weg den Du zu gehen hast und lege mich in Deine Fußstapfen. Du weißt, all dies ist kein orientalisches Hyperbel, sondern faits accomplis. Du weißt, daß ich Dich anbete. Ach, wie verlange ich danach, Dich wiederzusehen! O liebstes Meisterwerk Gottes, wie ich Dich anbete, und wie sollte ich nicht den lieben Gott anbeten, der Dich erschaffen hat, so schön, so vollkommen, so gemacht um verehrt» und geliebt zu werden, bis zum Tode und bis zum Wahnsinn.»[80]

Es gehörte anscheinend zu den Spielregeln dieser merkwürdigen Korrespondenz, daß Liszt sich selber herabsetzt, sich als unwürdig erklärt und seine völlige Abhängigkeit betont. Hier einige Kostproben aus verschiedenen Briefen:

Aber Sie verzeihen mir und Sie finden sich damit ab, daß Sie mich trotz allem lieben, nicht wahr? Ich liebe Sie mit völliger Hingabe, mit dem ganzen Exzeß und der ganzen Ungeteiltheit meines Wesens.[81]

Hélas! wie fühle ich mich klein und schwach neben Ihnen, und vor allem, wie leide ich fern von Ihnen! Ich wage es nicht, Ihnen von meiner Liebe zu schreiben – aber Sie verstehen mich, Sie fühlen die Schläge meines Herzens in dem Ihrigen – nicht wahr? und der liebe Gott wird sich unser erbarmen!

...wenn Sie nicht da sind, kann ich wirklich nichts Wertvolles tun. Nehmen Sie das nicht für eine dumme und bequeme Ausrede. Ich habe Sie absolut nötig zum Denken und zum Atmen![82]

Ist das derselbe Mann, dessen Briefe an Marie d'Agoult so lebendig, manchmal so verletzend, aber immer so echt waren? Man kann es kaum glauben – vor allem nicht, wenn Liebe und Frömmigkeit so miteinander vermischt werden, wie es der Fürstin gefallen haben muß:

Je mehr es mir gelingt, Sie zu verstehen und mich mit Ihrem Herzen zu vereinen, umso mehr bewundere ich Sie und bete Sie an ... Wozu haben Sie die Menschheit nötig, verbunden wie Sie es sind, mit den mysteriösen Wundern der Schöpfung? Gott liebt und hegt Sie wie einen seiner Lieblings-Engel, und ich lege mich zu Ihren Füßen, um ihn besser anbeten und ihm besser dienen zu können. Gib daß die Gnade des Himmels mich Ihnen weniger unwürdig macht ... Manchmal fühle ich mich so unzulänglich, so voller Niedergeschlagenheit. (1851)[83]

Ich segne Sie und empfehle Sie der Gnade Gottes – aus der tiefsten Tiefe meines Herzens. Sie sind mein See und mein Himmel ... Möge er (Liszts Schutzheiliger) seinen Mantel ausbreiten über den Schlamm und die Steine auf unserem Weg – und bleiben wir vereinigt und untrennbar in der Liebe ...

Titelblatt der «Franziskus-Legenden»

Laßt uns die Füße Unseres Herrn salben und Er wird uns trösten, uns stärken... (1853)[84]

Es ist auffallend, daß die Fürstin Liszt duzte, während Liszt immer die «Sie»-Form verwendete, obwohl Carolyne ihn oft um das familiäre Du gebeten hatte. Ist dieses Beharren auf dem «Sie» ein Zeichen von Liszts großem Respekt oder, wie Haraszti meint, seiner Untertänigkeit? Oder stellt es eine Art Snobismus dar, der gelegentlich noch heute in Frankreich anzutreffen ist – wo Kinder zu ihren Eltern und intime Freunde zueinander «vous» sagen? Die Gräfin d'Agoult und Liszt haben sich stets mit «Sie» angesprochen.

Wie sehr das fortwährende Verfassen dieser endlosen Liebesbeteuerungen Liszt auf die Nerven gefallen sein muß, kann man sich vorstellen. Nur äußerst selten jedoch läßt er seine Ungeduld durchblicken, wie in dem folgenden Brief:

Wenn ich Ihnen nicht zu jeder Stunde und bei jeder Gelegenheit sagen kann, wie sehr ich Sie liebe, so setzen Sie diesen Fehler auf Rechnung meiner Nerven. Sonst würden Sie Gefahr laufen, nicht nur gegen mich ungerecht, sondern auch schlecht gegen sich zu sein – die einzige Art von Schlechtigkeit, deren Sie dann fähig wären und die Sie gleich verbessern müssen, denn sie macht mir Kummer.[85]

Liszt unterwarf sich den verschiedenen Disziplinen, die Carolyne für angebracht oder gar nötig hielt. So schrieb er ihr seinen täglichen Brief, wenn er auf Reisen war oder wenn sie eine Kur machte. In seinem Arbeitszimmer stand auch ein Schreibtisch für die Fürstin, die dabei war, während er komponierte oder Briefe schrieb; sie war nämlich der festen Überzeugung, Liszt könne (oder würde) nur dann arbeiten, wenn sie bei ihm sei. In der Altenburg hatte sie auch eine kleine Kapelle mit nur zwei Betstühlen eingerichtet, und dort wurde oft gemeinsam gebetet. Auch mit den theologischen Schriften Carolynes mußte er sich auseinandersetzen und an endlosen Diskussionen teilnehmen, während sie ihre Meinungen über alles mögliche zum besten gab.

Richard Wagner, der für die Fürstin wenig Sympathie hatte, schrieb einmal an Hans von Bülow: «Die entsetzliche Professorensucht der Fürstin hat uns empfindlich gestört. Wie die Dame nun aber ist, jedenfalls ein monstrum per exzessum an Geist und Herz, kann man ihr nicht lange böse sein, nur gehört Liszts unvergleichliches Temperament dazu, diese Lebhaftigkeit auszuhalten; mir armen Teufel ging's oft übel dabei ...» (Zürich, 1853)[86]

Man kann über die Fürstin zweierlei Meinung sein: entweder dachte sie wirklich nur an Liszts Wohl und hat die verkehrten Methoden angewandt; oder sie hat alle Mittel gebraucht, um Liszt an sich zu binden und ihn zu verpflichten. 1851 schrieb sie ihm:

«Ich danke Dir, o mein Geliebter, o mein Gatte, für die Wohltaten, mit denen Du mich überhäufst, für die zärtliche Fürsorge, diese Liebe, die nicht ermüdet, nicht erschlafft, für diese unwandelbare Milde, diese innewährende Nachsicht, für Deinen langen Aufenthalt hier, bei dem Du mich überschüttet hast mit den belebenden Zeichen Deiner steten Liebkosung. Dank für alle Opfer, die Dein Aufenthalt in sich schloß, für alle Stunden, aus denen er bestand; Dank für jedes Lächeln, jedes Wort, jeden Blick, durch den Du meiner Seele Leben und Glück eingehaucht hast. Dank dafür, daß ich mich jetzt so erhoben fühle, da ich weiß, daß ich nur noch Taten der Dankbarkeit zu verrichten habe, der Dankbarkeit gegen Gott und Dich ... Dich, Dich, Dich!»[87]

Solch unermeßliche Dankbarkeit verpflichtet nicht weniger als die Kenntnis, daß die Verfasserin des Briefes «alles geopfert hat» und auch deshalb auf Liszt angewiesen war.

Sogar Raabe, der fest an die guten Absichten der Fürstin glaubte, indem er ihr «mildernde Umstände» zuspricht, kann ihre Fehler nicht übersehen. Unter anderem schreibt er: «... eine wirklich bedeutende Frau – in dem Sinne wie Liszt ein bedeutender Mann war – ist sie nicht gewesen. Das haben zwar viele geglaubt, die sich von der ungewöhnlichen Lebendigkeit ihres Geistes gefangennehmen ließen ... Jetzt erkennt man sehr deutlich, daß von einem wirklichen Reichtum ihres Geistes nicht die Rede sein kann. Sie wußte sehr viel. Das ist gar nicht zu bezweifeln ... Nicht nur, daß alle Künste und Wissenschaften sie gleich stark interessierten, und zwar so, daß sie schließlich Großes und Kleines kaum noch auseinander halten konnte; sie hatte auch das Bedürfnis, überall grell hineinzuleuchten. Sie versprach sich einen Vorteil, mehr noch: sie hatte wirklich einen davon, wenn sie alles Nebensächliche in demselben hellen Tageslicht sah wie das wirklich Wichtige. Sie konnte eben ihre Gedanken genau so mit dem Nebensächlichen beschäftigen wie mit dem Wichtigen ... Die Fürstin hat, trotz all ihrem beständigen Sich-ins-Gebet-versenken und ihrem ewigen Zergliedern innerster Gefühle, vom Wert und von der Würde der Stille nicht viel gewußt. Der Gedanke, daß sie mit ihren Ergüssen je stören könnte, kam ihr so wenig wie dem Famulus Fausts. Zudem war sie zwar auch eine Stubenhockerin, aber eine ausgesprochen geräuschvolle, beständig redende.»[88]

Bestenfalls war die Fürstin ziemlich dumm; schlimmstenfalls war sie herrschsüchtig, selbstherrlich und, indem sie sich als Muse und Inspiration eines Genies sah, mehr auf ihre Rolle als auf Liszts Wohl bedacht. Oder aber alles zugleich – was keineswegs ausgeschlossen scheint.

Nur eine dumme Frau konnte ihren Geliebten so plagen, wie sie es während der Weimarer Jahre getan hat. Viel später (1882) schrieb sie ihrer Freundin Adelheid von Schorn: «So habe ich für ihn zwölf Jahre lang gesorgt, immer mit meiner Arbeit in demselben Zimmer, sonst hätte er nie komponiert alles, was die Weimarsche Periode bezeichnet! – Genie hat ihm nicht gefehlt – aber Sitzfleisch (unschönes Wort, aber große Tugend) – und Fleiß, Arbeitsausdauer. Wenn niemand ihm dabei hilft, so kann er nicht – und wenn er fühlt, daß er nicht kann – so greift er zu aufregenden Mitteln ... Man muß bei ihm mit einer Arbeit sitzen, solang man will, daß er selbst arbeitet. Ohne eine solche ruhige, aber beständige, sanfte, milde, hingebende Frauengesellschaft kann er nicht Großes tun, nur feilen.»[89]

In der Tat hatte die Fürstin nicht unrecht, wenn sie bei Liszt eine angeborene oder angenommene Trägheit diagnostizierte. Ihre Behandlungsmethoden jedoch müssen für Liszt ein Greuel gewesen sein. Kein Wunder, daß er öfters allein verreiste (in dieser Zeit nahm er als Dirigent Gastengagements an) und daß er sich dabei von andersgearteten Frauen verführen ließ. In dieser Hinsicht war die Fürstin allerdings toleranter und weniger stolz als Marie d'Agoult. Anscheinend hat sie eingesehen, daß sie ihren Geliebten mit anderen Frauen zu teilen hatte und daß man Liszt in dieser Hinsicht nicht ändern konnte. Eine ihrer Freundinnen berichtet aber, daß sie die Fürstin oft weinend angetroffen habe.

Meist hatten Liszts amouröse Eskapaden keine große Bedeutung – mit einer bemerkenswerten Ausnahme. 1853 kam Agnes Street, geborene Klindworth, in politischer Mission an den Weimarer Hof und nahm bei Liszt Klavierunterricht. Sie war in jeder Hinsicht das Gegenteil der Fürstin – jung, hübsch, elegant und zart, und der Meister verliebte sich auf Anhieb in sie. Zwei Jahre lang blieb Agnes Street in Weimar und war für Liszt ein Trost und eine Zuflucht. Nach ihrer Abreise führte Liszt bis zum Ende seines Lebens mit ihr einen regen Briefwechsel. Allein Liszts Briefe füllen den dritten Band seiner von La Mara herausgegebenen Korrespondenz. Leider wurden die Briefe der Agnes Street vernichtet – wahrscheinlich von der Fürstin oder ihren Verbündeten. Liszts Briefe an Agnes wurden als «Briefe an eine Freundin» in verstümmelter Form herausgegeben – ohne daß der Name der Freundin erwähnt wird.

Diese Untreue hat zu Verstimmungen zwischen Liszt und der Fürstin geführt, wie auch die kleineren Episoden, von denen ganz Weimar wußte und sprach. Trotz all ihrer Fehler kann Carolyne unser Mitleid erregen, nicht zuletzt wegen der Verachtung, der sie als «Maitresse des Kapellmeisters» ausgesetzt war. Sie wurde hin und wieder auf der Straße beleidigt, und in der Weimarer Gesellschaft war sie nicht willkommen.

Untätig blieb die energische Frau jedoch keineswegs. Dank ihrer großzügigen Gastfreundschaft kamen viele Besucher auf die Altenburg. Während der ganzen Weimarer Jahre betrieb sie intensiv ihre Scheidung; doch alle Anstrengungen halfen nichts. Und schließlich widmete sie sich ihrer eigenen schriftstellerischen Tätigkeit.

Dies allerdings ist ein trauriges, ja fast tragisches Kapitel. Nachdem Marie d'Agoult die Ideen und Notizen Liszts in Artikel umgesetzt hatte, wollte es ihr die Fürstin gleichtun. Das kann man nur bedauern, denn die Schriften aus dieser Zeit, die Liszts Unterschrift tragen, sind stilistisch und inhaltlich recht kläglich. Selbst Raabe, der ja immer bemüht ist, Liszt im besten Licht zu zeigen, muß das zugeben: «Nicht allein die Länge und schlechte Gliederung der Sätze und der unnötige Überfluß an Bildern und Worten macht das Lesen vieler Aufsätze von Liszt zur Qual: es ist vor allem der hochgestimmte Ton, dessen häufiges Anwenden ermüdet. Das ist besonders der Fall, wenn Liszt, wie er es oft seitenlang tut, all seine Gedanken in die Form der rednerischen Frage oder des Ausrufs kleidet.»[90]

Raabe findet es seltsam, daß alle Urschriften von Liszts literarischen Arbeiten verlorengegangen sein müssen. Der Grund dafür ist höchstwahrscheinlich der, daß solche Urschriften nie existierten – daß Marie und Carolyne frei nach seinen mehr oder weniger ausführlichen Anweisungen geschrieben haben. Wie sich diese ungleichmäßige Zusammenarbeit gestaltete, ist aus verschiedenen Briefen zu ersehen. 1851 schrieb Liszt an die Fürstin: *Ich habe eine Arbeit für Sie. Es handelt sich darum, die biographischen Fragen festzustellen für unseren Schubert, für den Löwy die nötigen Materialien sammeln wird. Tun Sie mir also die Liebe und schicken Sie mir einen Fragebogen, so wie Sie das zu tun verstehen, damit wir uns im Laufe des Sommers an die Arbeit machen können.*[91]

Hierzu bemerkt Raabe: «Der Satz ‹so wie Sie das zu tun verstehen›, läßt darauf schließen, daß die Fürstin nicht zum erstenmal einen solchen Fragebogen liefern sollte. Es wird damit also auch ihre Beteiligung am Zusammentragen des Stoffes erwiesen.

Dies und das sonderbare Ausbreiten von Liszts Gedanken war aber nur ein kleiner Teil der Arbeit, die die Fürstin an den gemeinsam verfaßten Aufsätzen und Büchern leistete. Einen viel größeren Raum nehmen die endlosen Zutaten ein, die sie ganz selbständig schrieb und die, fast immer ohne rechten Zusammenhang mit der Hauptsache, eigentlich nur dazu dienten, ihre Blaustrumpfweisheit oder ihren Gefühlsüberschwang in den Schriften des von ihr geliebten Mannes unterzubringen.

Liszt besaß zu viel Bildung und Geschmack, als daß es ihm entgangen sein könnte, wie hier Überflüssiges und damit Schädliches eingeschaltet wurde. Es wäre tröstlich, wenn man glauben dürfte, er hätte dieser Schreibweise zugestimmt. Das ist aber nicht der Fall. Wir wissen, daß er sich zunächst dagegen gewehrt hat, wissen aber auch, daß die Fürstin im Verteidigen ihrer Wünsche stärker war als er, und daß er den Kampf daher aufgegeben hat ... Grundsätzlich konnte er nichts ändern; er konnte der Fürstin immer nur Einzelheiten abhandeln und hat, wie es scheint, erlahmend schließlich auch das aufgegeben.»[92]

Die Briefe und Tagebücher von Peter Cornelius, der während einiger Jahre Liszts Sekretär war, geben uns eine Einsicht in die Produktionsmethoden der Altenburgschen Prosafabrik. Die Fürstin schrieb den Text auf französisch, Cornelius übersetzte ihn ins Deutsche; Liszt sah das Manuskript durch, und dann wurde revidiert. Seinem Tagebuch vertraut Cornelius 1854 an: «Buch! Du mußt mir helfen. Ich bin in der allerschlimmsten Stimmung von der Welt. Ich möchte mich ausklagen und weinen, so laut und mit so viel Tränen ich konnte ... Ich brachte die Übersetzung eines Neujahrsartikels auf die Altenburg, den Liszt für die Brendelsche Zeitung verfaßt hat ... Die Fürstin sang mein Lob im Gegensatz zu Pohl, der sich immer vor den langen Phrasen fürchte (oh, ich auch!) ... Dann kam Liszt, und wir lasen den Artikel zum zweitenmal. Als der nun ging, fing sie noch ein drittes Mal an, und nun wurde oberst zu unterst gekehrt, daß mir angst und bange wurde. Da wurde an jedem Wort gemäkelt und gedreht. Als das aber nun endlich alle war und sie nun zum viertenmal von vorn anfing und noch feinere Nuancen herauspressen wollte, da ward mir, als müßte ich wahnsinnig werden ... Wenn es noch was Rechtes wäre! Aber es ist Floskelkram, es ist nur eine Übung, in der Kunst seine Gedanken zu verbergen.»[93]

Den Büchern und Aufsätzen Liszts, die zunächst in französischer Sprache erschienen, wurde ein besonders hartes Schicksal zuteil, denn die Übersetzungen von Lina Ramann beseitigen jeden Rest von Klarheit. In ihrem Satzbau und in ihrer Vorliebe für obskure Fremdwörter stellen sie ein Musterbeispiel von verschnörkeltem Kauderwelsch dar, das manchmal sogar den Sinn des Originals verstellt. Und in den Passagen über Musik – die einzigen, die wahrscheinlich von Liszt selber stammen – bringt sie alles durcheinander, weil ihr die französischen Fachausdrücke nicht geläufig waren.

Als Kostprobe der Wittgenstein-Ramannschen Prosa sei folgende

Peter Cornelius

Passage aus dem Aufsatz über «Tannhäuser» zitiert: «Die Mythe der Frau Venus charakterisiert in einer schlagenden Weise das Nebelhafte der germanischen Fantasie. Wenn die letztere in ihren Träumen wagt, sich jener poetischen Sinnlichkeit hinzugeben, welche den mythologischen Fiktionen, den Oden Anakreons entströmt, wo Tropfen für Tropfen Rosenessenzen, Liebestränen und Wein von Skio gemischt destilliert sind, oder welche die Verse Sapphos aushauchen, welche harmonisch sind wie die Küsse, die den Abendwind von den Saiten der Lyra nascht, so wagt sie nicht anders sich den geträumten Freiheiten hinzugeben als im geheimnisvollen Dunkel irgend einer verborgenen Höhle. Welche andere Nation würde die sinnliche Leidenschaft und das Ideal des materiellen

Glückes so des Lichtes und der liebkosenden Sonne, des Gottes, von dem fern die Musen schweigen, die lauen Küsse des Zephirs, der weichen Kadenzen der Luft beraubt haben, welche ein ruhiges Meer wie eine harrende Geliebte erseufzen macht?»[94]

Das unerfreulichste, weitschweifendste und unfreiwillig komischste aller Gemeinschaftsschriften ist das Buch *Die Zigeuner und ihre Musik in Ungarn* – ein formloses Durcheinander von Anekdoten, Reminiszenzen einiger weniger Erlebnisse, Philosophie, Belletristik, Vermutungen, Theorien und, gelegentlich, musikalischen Überlegungen. Liszts These, die Musik der Zigeuner sei die Nationalmusik Ungarns, wurde von seinen Landsmännern heftig zurückgewiesen – zu Recht, wie sich bei den späteren Untersuchungen Bartóks und Kodálys herausstellte.

Stilistisch sowie sprachlich übertrifft sich die Fürstin selber in solchen Passagen wie den folgenden, wo die Verzierungen der Zigeunermusik mit den Arabesken in der Zeichenkunst verglichen werden: «Hier wie dort genügt ein ganz kleiner Raum, um eine Menge von Linien zu entwickeln, die einander kreuzen, einander unterbrechen, verwirren und entwirren, einander suchen und finden, einander stoßen, treiben und sich umklammern, einander folgen, drängen, berühren, zerstören unter reich nuancierten Klangfarben, die manchmal gepaart und weich sich steigernd, manchmal fremd und feindlich und dann wieder mit einer Art Gleichheit über ein ganzes Thema sich verbreiten, wie die auf einem Blumenbeet glänzenden Tropfen eines reinen Taues, dessen Saphir- und Topas-, Rubin- und Smaragd-, Sardony- und Chalzedon-, Amethyst- und Chrysolith-, Aquamarin- und Nephelin-, Hyazinth-, Granat-, Chrysopras- und Jaspis, dessen blaue und schwarze, grüne und gelbe Diamantfärbungen nicht verlöschen, wenn die Sonne neugierig ihren Kopf über den Horizont erhebt und jeder Strahl ihrer Scheibe, man möchte sagen, jedes Haar des göttlichen Gelockes des Phöbus – des Gottes des Tages – sich in jeder dieser durchsichtig, rosig beleuchteten, aber milchweißen Perlen widerspiegelt.»[95]

Seine literarischen Werke haben Liszt wahrhaftig keinen Ruhm eingebracht. Wer sie liest, ohne zu wissen, daß nicht er sie schrieb, muß ihn für einen hoffnungslosen Schwafler halten. Derjenige, der die Gründe ihrer Entstehung kennt, kann nur bedauern, daß Liszt sie in dieser Form hat erscheinen lassen.

RICHARD WAGNER UND LISZT

In die Weimarer Periode fällt die berühmte Freundschaft zwischen Liszt und Richard Wagner. Die beiden Männer waren sich bereits 1841 in Paris begegnet. Doch dort war der junge Deutsche nur einer von Hunderten, die dem großen Virtuosen vorgestellt wurden. Da Wagner damals keinen Nutzen aus Liszt ziehen konnte, fand er dessen Allüren eines Grandseigneur wenig sympathisch. An die «Dresdener Abendzeitung» berichtete er am 5. Mai 1841:

«Liszt und Berlioz sind Brüder und Freunde, beide kennen und verehren Beethoven, beide stärken ihre Kräfte aus dem Wunderbrunnen seines Reichtums, und beide wissen, daß sie nichts Besseres tun konnten, als für Beethovens Denkmal ein Konzert zu geben. Doch ist einiger Unterschied unter ihnen zu machen, vor allem der, daß Liszt Geld gewinnt, ohne Kosten zu haben, während Berlioz Kosten hat und nichts gewinnt. Nachdem diesmal Liszt seine Kassenangelegenheiten in zwei goldreichen Konzerten geordnet hatte, dachte er aber ausschließlich nur noch an seine ‹gloire›; er spielte für arme mathematische Genies und für das Denkmal Beethovens.»

Danach sahen sie sich ab und zu wieder (in Berlin 1842, in Dresden 1844 und im Frühjahr 1848, in Weimar im August 1848), ohne daß sich ein näheres Verhältnis angebahnt hätte. Charakteristischerweise geht es in einem der ersten Briefe Wagners um Geld: Er bot Liszt die Verlagsrechte von «Rienzi», «Der fliegende Holländer» und «Tannhäuser» für 5000 Taler an. Liszt ging darauf nicht ein, denn er war keineswegs so reich, wie Wagner annahm.

Mit der Weimarer Aufführung (Mitte Februar 1849) von «Tannhäuser» fing Liszt an, seine wachsende Bewunderung für Wagners Begabung in die Tat umzusetzen. Wagner schrieb begeistert: «Kein Theater der Welt hat es noch zu unternehmen für gut befunden, meine seit vier Jahren erschienene Oper ‹Tannhäuser› zur Aufführung zu bringen... Ihnen galt es nicht bloß, die Oper aufzuführen, sondern sie verstanden und mit Beifall aufgenommen zu wissen. Dazu hieß es, mit Leib und Seele sich aufopfern, jede Faser seines Leibes, jede Fähigkeit der Seele auf das eine hinzudrängen, auf das eine hinzuwirken, daß das Werk des Freundes nicht nur zutage, sondern daß es schön und ihm nützend zutage komme. Sie mußten sich versichern, daß es gelänge, denn nur um des Gelingens willen waren Sie ans Werk gegangen; und hierin liegt die Kraft Ihres Charakters und Ihrer Fähigkeit – es ist Ihnen gelungen.»[96]

Da Wagner die Premiere nicht besuchen konnte, wollte er einer Wiederholung von «Tannhäuser» im Mai beiwohnen. Statt dessen erschien er zu einer Probe, denn im Theater durfte er sich nicht sehen lassen; er war wegen seiner Teilnahme am Dresdner Aufstand ein von der Polizei gesuchter «Staatsfeind». Liszt hat den Flüchtling aufgenommen und versteckt, ihn mit einem auf Dr. Widmann ausgestellten Reisepaß versehen und ihn über Zürich nach Paris geschickt. Die mitgegebenen Empfehlungsbriefe sollten Wagner alle Türen der französischen Hauptstadt öffnen. In einem hieß es: *Wagner ist ein Mann von bewundernswürdigem Genie, ja ein so schädelspaltendes Genie, wie es für dieses Land paßt, eine neue und glänzende Erscheinung in der Kunst.*[97]

Um Wagner in Paris weiterzuhelfen, bat Liszt seinen Freund Berlioz, den bereits erwähnten Aufsatz über «Tannhäuser» in dem einflußreichen «Journal des Débats» publizieren zu lassen. Wagners Reaktion auf das schwülstige Gefasel der Fürstin ist äußerst merkwürdig: «Was hast Du da gemacht? Du hast den Leuten meine Oper beschreiben wollen und hast statt dessen selbst ein wahres Kunstwerk hervorgebracht! Gerade wie Du die Oper dirigiertest, so hast Du über sie geschrieben: neu, ganz

Richard Wagner

neu aus Dir heraus! – Wie ich den Artikel aus der Hand legte, waren meine Gedanken zunächst folgende: dieser wunderbare Mensch kann nichts tun und treiben, ohne aus innerer Fülle sich selbst von sich zu geben; er kann nirgends nur reproduktiv sein, es ist ihm keine andere Tätigkeit möglich, als die rein produktive, alles drängt in ihm zur absoluten, reinen Produktion hin, und doch ist er immer noch nicht darangegangen, seine Willenskraft zur Produktion eines großen Werkes zusammenzuspannen? Ist er bei seiner vollendeten Individualität zu wenig Egoist? Ach, lieber Freund! Meine Gedanken an Dich sind noch zu enthusiastisch; jetzt zehre ich noch zu sehr von Deiner Liebe zu mir, so daß die meinige sich nur ganz untätig in Exklamationen ergehen kann.»[98]

Alle Dankbarkeit beiseite: man kann kaum glauben, daß Wagner von diesem «wahren Kunstwerk» so angetan war. Das Groteske daran ist, daß er, um Liszt zu schmeicheln, ausgerechnet das lobt, wofür Liszt (glücklicherweise) nicht verantwortlich war – nämlich die «dichterischen», nicht musikalischen Ausschweifungen. Noch grotesker: diese vom hochverehrten und geschätzten Wagner stammende Lobeshymne mußte Liszt den Eindruck vermitteln, daß der Fürstin literarisches Talent auf einem hohen Niveau stand.

Zum Ruhme Liszts muß gesagt werden, daß er als einer der ersten das Genie Wagners erkannte und all seinen Einfluß einsetzte, um Wagners Werk zu propagieren. Gewiß hätte Wagner früher oder später auch ohne Liszt seinen Weg gemacht, doch Liszt hat diesen Weg geebnet und enorm viel zur rechtzeitigen Anerkennung Wagners beigetragen. Er war Wagner ein wirklich hingebungsvoller Freund, der sich und sein eigenes Schaffen in beispielloser Bescheidenheit zurückstellte und der auch Wagners Bitten um Geld nachkam, soweit es ihm möglich war. Daß Wagner diese Hingabe ausnutzte und Liszt manchmal übervorteilte, ist nicht zu übersehen. Alfred Einstein, der bedeutende Musikologe, der dem Menschen Wagner keineswegs verfallen war, gibt ihm jedoch recht. In seinem faszinierenden Buch «Größe in der Musik» schreibt Einstein: «Alle ‹Fehler› Wagners, alle Skrupellosigkeiten, Unaufrichtigkeiten, Schamlosigkeiten erklären sich daraus und entschuldigen sich damit, daß er sie für sein Werk beging. Er wußte, daß er, im Kampf gegen eine Welt, eine neue Welt zu schaffen hatte; und jeder Egoismus schien ihm erlaubt für das Werk.»[99]

Wagners Freund zu sein hieß: ihm vorbehaltlos zu Diensten zu stehen und ihn so zu nehmen, wie er war. Dies haben die wenigsten fertiggebracht, denn Wagners Forderungen waren hoch und schwer zu erfüllen. Fast zwanzig Jahre jedoch blieben Liszt und Wagner in enger freundschaftlicher Verbindung, trotz aller Versuche der Fürstin von Wittgenstein, sie auseinanderzuhalten.

Es war Franz Liszt, der am 28. August 1850 mit der Uraufführung von «Lohengrin» ein neues Kapitel in der Musikgeschichte begann. Im April jenes Jahres hatte der verzweifelte Wagner aus dem Pariser Exil geschrieben: «Führe sie [die Opern] auf, wo Du willst: gleichviel, wenn es selbst nur in Weimar ist: ich bin gewiß, Du wirst alle möglichen und nötigen Mittel dazu herbeischaffen, und man wird Dir nichts abschlagen. Führe den ‹Lohengrin› auf und laß sein Inslebentreten Dein Werk sein!»[100]

Das, was Wagner von seinem Freund verlangte, war nichts geringeres als ein Wunder: nämlich «Lohengrin», die erste reife Oper Wagners, mit den begrenzten Mitteln des Weimarer Hoftheaters aufzuführen. Doch machte sich Liszt mit Begeisterung an diese Arbeit und schrieb seinem Freund: *Die ernste und begeisterte Bewunderung, die ich Deinem Genie gewidmet habe, könnte sich keinen schläfrigen Gewohnheiten und unfruchtbaren Gefühlen anbequemen. Alles, was mir also zu tun möglich sein wird, sei es im Interesse Deines Ansehens und Deines Ruhmes, sei es im Interesse Deiner Person, ich werde es bei keiner Gelegenheit versäumen; dessen sei vollkommen gewiß. Allein einem Freunde wie Du bist, zu dienen, ist nicht immer leicht und bequem, denn für diejenigen, denen es vergönnt ist, Dich zu verstehen, handelt es sich vor allem darum, Dir mit Verstand und Würde zu dienen!*[101]

«Lohengrin» hatte in Weimar weniger Erfolg als der zugänglichere «Tannhäuser», doch wurde die Aufmerksamkeit der ganzen Musikwelt durch diese Uraufführung auf die kleine Stadt gelenkt, die von nun an als Bastion der Neudeutschen Schule galt. Wann immer es ihm möglich war, trat Liszt als Verfechter der damals modernen Musik auf, vor allem der Musik Wagners. In Weimar brachte er später noch den «Fliegenden Holländer» zur Aufführung; in anderen Städten dirigierte er

LOHENGRIN

ET

TANNHAÜSER

DE RICHARD WAGNER

PAR

FRANZ LISZT.

LEIPZIG:
F. A. BROCKHAUS.
1851.

Titelblatt der Erstausgabe

Ouvertüren und Bruchstücke aus den Wagnerschen Opern. Ferner gab er einen langen Aufsatz über «Lohengrin» und «Tannhäuser» heraus.

Was dies für Wagner bedeutete, geht aus einem Brief hervor, den er kurz nach seinem Weimarer Aufenthalt 1849 an Liszt schrieb: «Ich halte nicht viel vom Schicksal, aber ich weiß, daß meine letzten Erlebnisse mich in eine Bahn gerückt haben, auf der ich das Wichtigste und Bedeutungsvollste zustande bringen muß, was meiner Natur zu produzieren gestattet ist. Noch vor vier Wochen hatte ich davon keine Ahnung, was ich jetzt als meine höchste Aufgabe erkenne: meine tiefsinnige Freundschaft zu Liszt läßt mich die Kräfte außer mir finden, diese Aufgabe zu lösen; es soll unser gemeinschaftliches Werk sein!»[102]

Als Wagner während der fünfziger Jahre im Exil in der Schweiz lebte und wenig für seine eigenen Werke tun konnte, war ihm Liszts tatkräftiger Beistand besonders wichtig. So wurde Liszt auch mit Verhandlungen über erhoffte Aufführungen betraut. Außerdem tat Liszt – vergebens – alles, um Wagners Begnadigung zu erwirken. Die Freunde konnten sich nur selten sehen; dafür schrieben sie sich häufig. Der Briefwechsel ist aus vielen Gründen fesselnd, nicht zuletzt wegen der beiderseitigen Kommentare zu den Werken Wagners, die in diesem Jahrzehnt entstanden sind. Sofort hat Liszt die Bedeutung der «Ring»-Trilogie erkannt, die die meisten als Unsinn bzw. Größenwahn empfanden. Über den ihm zugeschickten Textentwurf schrieb Liszt prophetisch: *Du bist auf Deinem außerordentlichen Wege zu einem außerordentlich großen Ziele gelangt. Die Aufgabe, das Nibelungenepos zu einer dramatischen Trilogie zu formen und zu komponieren, ist Deiner würdig, und ich hege nicht den mindesten Zweifel über das monumentale Gelingen Deines Werkes.*[103]

Nach den hektischen Tagen von 1849 kamen Wagner und Liszt erst 1853 wieder zusammen. Im Juli 1853 reiste Liszt für acht Tage nach Zürich. Über diesen Besuch schrieb Liszt an die Fürstin: *Als er mich wiedersah, da weinte, lachte und tobte er vor Freude, mindestens eine viertel Stunde lang... Seine Anforderungen an die Künstler sind von einer unbarmherzigen Strenge. Was mich anlangt, so liebt er mich von ganzer Seele und sagt unaufhörlich: «Sieh, was Du aus mir gemacht hast!» – wenn von Dingen die Rede ist, die seinen Ruhm und seine Popularität betreffen, – zwanzigmal am Tag ist er mir um den Hals gefallen... Er hat entschieden die Art und Weise eines Herrschers, und er nimmt auf niemanden Rücksicht, oder wenigstens nur sehr wenig verborgen. Bei mir jedoch macht er eine vollständige Ausnahme.*[104]

Im Oktober brachte Liszt einige seiner Jünger mit nach Basel. Auch die Fürstin mit ihrer Tochter war dabei, und nach Wagners Beschreibung ging es munter zu: «Der ungemeinen Lebhaftigkeit und anregenden Hingebung der Fürstin Carolyne an alles, was uns einnahm, war... unmöglich zu widerstehen. Mit gleichem Interesse für die höchsten Fragen, welche uns bewegten, wie für die zufälligsten Einzelheiten unsres persönlichen Verkehres mit der Welt, schmeichelte sie einen jeden in eine gewisse Ekstase hinein, in welcher er das Beste, dessen er fähig war, von sich zu geben sich genötigt fühlte.»[105]

Von Basel reisten Liszt, die Fürstin, die Prinzessin und Wagner nach Paris, wo sie sich eine Woche lang aufhielten. Seit acht Jahren hatte Liszt seine Kinder Blandine (18), Cosima (16) und Daniel (14) nicht mehr gesehen. Es war das erste Mal, daß Wagner dem Mädchen begegnete, das siebzehn Jahre später seine Frau werden sollte.

Ein längerer Besuch bei Wagner fand im Oktober 1856 statt. Der immer an Geldnot leidende Meister, der in jenem Moment an «Die Walküre» und «Siegfried» arbeitete, hatte Anfang des Jahres um ein Darlehen gebeten (und es erhalten) und seinen Freund angefleht: «Mache nur, liebster, liebster Freund, daß wir uns endlich wiedersehen; es hängt von dieser Zusammenkunft der Charakter des Restes meines Lebens ab. In dieser Lage kann ich nicht fortleben.»[106]

Hanslick und Wagner. Schattenriß von Otto Böhler

Liszt wurde wieder von der Fürstin begleitet, die im vornehmsten Hotel Zürichs, im «Baur au Lac», eine ganze Etage gemietet hatte und, wie Raabe schreibt, «in ihrer Lebhaftigkeit und ihrem unstillbaren Bedürfnis nach dem Verkehr mit gelehrten Männern und nach geistreichen Gesprächen ganz Zürich in Atem hielt». Zum 45. Geburtstag Liszts wurde eine denkwürdige Aufführung des ersten Aktes von «Die Walküre» vor einer geladenen Gesellschaft veranstaltet. Aus dem Manuskript spielte Liszt am Klavier den Orchesterteil, Wagner sang den Siegfried und den Hunding und Emilie Heim die Sieglinde.

Den Abschluß des sechswöchigen Aufenthalts bildete ein Konzert in St. Gallen, wobei Wagner Beethovens «Eroica», Liszt seine symphonischen Dichtungen *Les Préludes* und *Orpheus* dirigierte. Darüber schrieb Wagner an seinen Freund und Gönner Otto Wesendonk: «Liszts Orpheus hat mich tief eingenommen, dies ist eine der schönsten, vollendetsten, ja unvergleichlichsten Tondichtungen. Der Genuß des Werkes war für mich groß. Liszt fühlte sich durch meine ungeheuchelte Anerkennung seiner Werke sehr beglückt.»[107]

Kurz darauf schrieb Wagner seinen Brief über «Franz Liszts Symphonische Dichtungen», der in der «Neuen Zeitschrift für Musik» erschien. Inwieweit es sich hier um nutznießerische Absichten handelte, kann man unmöglich sagen. Wagner hatte die Fähigkeit, das für gut zu finden und an das zu glauben, was ihm und seinem Werk im Moment

Hans von Bülow

zugute kam. Fest steht, daß Wagner in späteren Jahren von Liszts Werken nicht begeistert war und daß er wenig tat, sie aufzuführen; Liszt hat ihn deswegen nie getadelt; wohl aber Liszts Freunde und Anhänger. Von Anfang an hat Liszt die Rolle des zweiten Mannes auf sich genommen, auch als er an Wagner schrieb: *Das Wesentliche liegt ja darin, daß Du mich lieb hast und mein redliches Anstreben als Musiker Deiner Sympathie für wert hältst. Dies hast Du gesagt auf eine Weise, wie es kein anderer zu sagen vermag!* [108]

Doch waren die Temperamente und die künstlerischen Ansichten der beiden Musiker so verschieden, daß Spannungen nicht ausbleiben konnten. Wagner hat es folgendermaßen ausgedrückt: «Es ist mir, als ob in uns sich zwei Menschen begegneten, die von den beiden entgegengesetztesten Seiten ausgingen, um in das Herz der Kunst zu dringen, und dort nun in der Freude ihrer Entdeckung sich brüderlich die Hand reichen.» [109] Und noch deutlicher: «Heute quält mich Eifersucht, Furcht vor dem mir Fremdartigen in Deiner besonderen Natur; da empfinde ich Angst, Sorge – ja Zweifel – und dann wieder lodert es wie ein Waldbrand in mir auf, und alles verzehrt sich in diesem Brande, daß es ein Feuer gibt, das nur der Strom der wonnigsten Tränen endlich zu löschen vermag. Du bist ein wunderbarer Mensch und wunderbar ist unsere Liebe! Ohne uns zu lieben, hätten wir uns nur furchtbar hassen können.» [110]

Wagner empfand es als Teilnahmslosigkeit, daß Liszts Briefe im Laufe der Zeit kürzer wurden und daß dieser über manche künstlerische Erwägungen Wagners schwieg. 1859 war es so weit, daß Wagner an Hans von Bülow schrieb: «Ich quäle mich seit Wochen mit dem Vorhaben eines Briefes an ihn. Wohl könnte ich es mir leichter machen, denn nie erhalte ich eigentlich einen Brief von Liszt, sondern höchstens nur Antworten auf meine Briefe, und diese jedesmal gerade um ein- bis zweimal kürzer als meine Briefe. Es drängt ihn somit nichts zu mir. Rede ich ihn an, so ist er der vortrefflichste Freund, den man sich denken kann, aber – er redet mich nicht an... Somit wird Liszt mir stets eine erhabene, tief sympathische, hoch bewunderte und geliebte Erscheinung bleiben, aber – an wohltuende Pflege unserer Freundschaft wird nicht viel mehr zu denken sein. Er ist mir in der Vernachlässigung dieser Pflege augenfällig vorangegangen; ich kann jetzt nicht anders mehr, als ihm folgen.»[111]

Wann und aus welchem Grund sich die Fürstin gegen Wagner gewandt hat, ist nicht festzustellen. 1855 konnte sie noch an ihn schreiben:

Theurer Dichter, lieber Freund,
unsere Herzen sind bei Ihnen und leiden mit Ihnen – Sie wissen es, können gar nicht daran zweifeln... Ich drücke Ihre beiden Hände in die meinigen, lieber, theurer, großer Mann!
...Umarmen Sie Ihre Frau sehr zärtlich von mir, und sagen Sie ihr alle meine lebhaftesten Wünsche; sie kann an diesen nicht zweifeln, und Sie auch nicht. Haben Sie sich wieder an die Walküre begeben können? Ich habe bei der Scene zwischen Siegmund und Sieglinde schwere Tränen vergossen! – Das ist schön wie die Liebe, wie die Unendlichkeit, wie Erde und Himmel.[112]

Vielleicht wurde die Fürstin auf Wagner eifersüchtig, oder sie hat es ihm verübelt, daß er sich nicht für Liszts Werke einsetzte. Wie dem auch sei, für Wagner wurde die Meinung der Fürstin – oder überhaupt der anderen – ziemlich unwichtig, als er König Ludwig II. von Bayern als Mäzen hatte, denn damit waren seine ständigen Geldnöte für einige Jahre gelöst. 1864 rief ihn der junge Herrscher nach München. Doch schon vorher hatten sich die Beziehungen zwischen Wagner und Liszt abgekühlt. Ihre Korrespondenz nimmt merklich ab. Wagners Briefe enthalten hauptsächlich Bitten um Geld und andere Dienste, und Liszts Antworten sind manchmal karg und lakonisch. Ab 1861 hört der Briefwechsel völlig auf.

Der Entschluß Cosimas, ihren Gatten Hans von Bülow zu verlassen und sich mit Wagner zu vereinigen, bewirkte einen offenen Bruch in Liszts Freundschaft mit Wagner. Hier, ganz kurz, die Vorgeschichte: 1855 ließ Liszt seine drei Kinder nach Berlin kommen, wo sie bei der Mutter Hans von Bülows, dem hochbegabten Musiker und Schüler Liszts, untergebracht wurden. Bülow, der den Musikunterricht der beiden Töchter übernahm, verliebte sich in Cosima, und das Paar wurde 1857 in Liszts Gegenwart getraut. Als Richard Wagner 1864 nach München berufen wurde, veranlaßte er seinen Freund von Bülow, ebenfalls mit seiner

Familie dorthin zu ziehen. Und nun wiederholte sich eine Liebesgeschichte, wie sie Liszt einst erlebt hatte. Cosima, deren Ehe mit Bülow nicht glücklich war, folgte Wagner in die Schweiz, wohin dieser übersiedelt war, und lebte von nun an mit ihm zusammen. Erst 1870 wurden sie getraut.

Die Fürstin war über diesen Schritt entsetzt und gab Wagner die alleinige Schuld. Auch Liszt stand auf Bülows Seite, und während einiger Jahre brach er jeglichen Verkehr – sogar den brieflichen – mit seiner Tochter und seinem Freund ab. Erst 1872 ergriff Wagner die Initiative und lud Liszt zur Grundsteinlegung des Bayreuther Festspielhauses ein. Liszt konnte der Feier nicht beiwohnen, doch antwortete er sehr liebevoll, und von nun an wurde die alte Freundschaft wieder erneuert, wenngleich auf ganz anderer Basis. Inzwischen hatte Wagner den schwer erkämpften Sieg errungen und wurde in der ganzen Welt akklamiert. Der ehemalige Komet und Grandseigneur kam im Gewand eines Abbé nach Bayreuth; einer unter den Hunderten von Wagnerianern. Die beiden Männer haben sich in diesen letzten Jahren am besten verstanden, denn der arrivierte Wagner brauchte nichts mehr von Liszt zu fordern, sondern zeigte seine Dankbarkeit für all das, was Liszt für ihn getan hatte. Und das war unermeßlich viel.

WEIMARER NACHSPIEL UND ROM

Die Abreise der Fürstin von Sayn-Wittgenstein aus Weimar im Mai 1860 war, nachträglich gesehen, ein grober Fehler. Gewiß konnte man die Folgen damals nicht voraussehen – am wenigsten mochte dies die Fürstin selber, die glaubte, daß ihre Vermählung mit Liszt endlich in greifbare Nähe gerückt sei. Doch befand sich Liszt gerade zu diesem Zeitpunkt in schlechter Verfassung. Er hatte in den letzten Jahren viele Enttäuschungen und Kummer erlebt: er hatte seine großen Pläne für Weimar scheitern sehen; seine Beziehungen zu Wagner hatten sich gelockert; er wurde in der Presse angegriffen und geschmäht; im Dezember war sein Sohn Daniel in Berlin gestorben. Und nun, nach zwölf Jahren der strengen «Disziplin» Carolynes, wurde er allein gelassen; er bewohnte, mit Unterbrechungen, weiterhin die Altenburg, bis er im August 1861 der Fürstin auf Umwegen nach Rom folgte, um sich endlich mit ihr zu vermählen. Inzwischen genoß er seine Freiheit und verfiel in seine alten Gewohnheiten: viel Wein, Cognac und Tabak, ein reges Gesellschaftsleben und schöne Frauen.

Newman geht so weit, zu behaupten, daß diese siebzehn Monate des neuentdeckten Junggesellenlebens den ganzen Kurs seines weiteren Lebens bestimmten. Er meint weiter, Liszt hätte die Fürstin nur aus Ritterlichkeit geheiratet. Peter Cornelius, der Liszt verehrte, aber ihn von Herzen bedauerte und die Ereignisse dieser Zeit genau verfolgte, war derselben Ansicht; er tadelte Liszt, weil dieser mit der Fürstin ein falsches Spiel gespielt und sie schlecht behandelt habe.

Cosima von Bülow-Liszt, später Cosima Wagner, 1865

Liszt dagegen schrieb an die Fürstin über seinen letzten Gang durch die Altenburg: *Als ich morgens durch die Zimmer schritt, konnte ich meine Tränen nicht zurückhalten. Aber nach einer letzten Rast an Ihrem Betpult – wo Sie immer mit mir niederknieten, bevor ich auf eine Reise ging – hatte ich doch ein Gefühl der Befreiung, das mich wieder stärkte. Seit Ihrer Abreise hat mir dieses Haus meist den Eindruck eines Sarkophages gemacht. Indem ich mich von ihm entferne, glaube ich mich Ihnen zu nähern und ich atme wieder freier.*[113]

Liszt verließ Weimar am 17. August und fuhr über Berlin und Paris nach Rom. Wagner, der sich in Paris befand, als Liszt wie in den guten alten Zeiten gefeiert wurde, berichtet in «Mein Leben»: «Liszt, der bereits in Paris in seine alte Strömung geraten war, und von seiner eigenen Tochter Blandine nur im Wagen, in welchem er von Besuch zu Besuch fuhr, gesprochen werden konnte, fand, durch sein gutes Herz geleitet, auch die Zeit, sich einmal bei mir zum ‹Beefsteak› einzuladen.»

Dies war also der Liszt, der am 21. Oktober 1861 in Rom eintraf, um mit Carolyne vor den Altar zu treten. Nach unzähligen Bittgesuchen und zwei Audienzen beim Papst hatte die unermüdliche Frau die Bewilligung zur Eheschließung errungen. Im allerletzten Moment wurde sie wieder verschoben.

Die Tochter der Fürstin beschreibt die Vorkommnisse so: «Ein päpstlicher Abgesandter erscheint noch am Abend bei meiner Mutter mit dem Befehl zum Aufschub der Trauung. Gleichzeitig verlangt er die russischen Prozeßakten, um sie der von ihr so gefürchteten, bisher glücklich vermiedenen Überprüfung zu unterwerfen. Dieses Begehren in allerletzter Stunde erscheint nun auch ihr als der entscheidende Schicksalsschlag – sogar ihr Mut ist endgültig gebrochen. Die Akten werden von ihr verweigert – und sie verzichtet!»[114]

Die genauen Gründe, warum die Kirche im letzten Moment ihren Entschluß widerrufen hat, werden wohl nie festzustellen sein. Haraszti mag mit seiner Behauptung recht haben, die Familie Hohenlohe habe die Annullierung der ersten Ehe der Fürstin hintertrieben, um die Trauung mit Liszt zu verhindern. (Die Tochter der Fürstin, Prinzessin Marie, heiratete Constantin von Hohenlohe.) Harasztis Beweisführung ist sehr detailliert und überzeugend.

Warum die Fürstin, nach fünfzehn Jahren bitteren Kampfes, plötzlich verzichtete, ist ebenfalls nicht ganz klar. Man kann vermuten: aus Aberglauben, da sie den letzten Rückschlag als ein Zeichen des Himmels empfand. Adelheid von Schorn, zu jener Zeit die Vertraute der Fürstin, deutet andere Gründe an:

«Die Fürstin hat es mir und anderen erzählt, mit dem Ausdruck der größten Wahrhaftigkeit und des größten Schmerzes, und ich fühle mich verpflichtet, es hier zu wiederholen: Liszt war in der Zeit, in der er von ihr getrennt war, gleichgültiger geworden, der Gedanke der rechtmäßigen Verbindung mit ihr war keine Notwendigkeit mehr. Das merkte sie ihm an, als er am 21. Oktober in Rom ankam; und bestätigt hat er es selbst, indem er nie wieder danach fragte, ob die Trauung zu ermöglichen sei oder nicht. Natürlich war er jeden Tag bereit, mit ihr vor den Altar zu

Bei den Gärten des Vatikans: die Villa des Papstes Pius IV.

treten, aber ihre weibliche Feinfühligkeit erkannte, daß es bei ihm nur noch eine Pflichterfüllung war. So hat auch sie nicht mehr davon gesprochen – sie hat das Ziel ihres Lebens zum Opfer gebracht.

Die Fürstin hatte sich während diesem Jahr in Rom wieder mehr der Kirche ergeben, sie verkehrte viel mit Antonelli und anderen Geistlichen; die Begeisterung für den katholischen Glauben ließ ihr wohl die Entsagung leichter erscheinen. Sie hatte sich der Schriftstellerei zugewandt und alle möglichen sie interessierenden Fäden angeknüpft. Sie fing an, ihre Freiheit, ihr Sich-ausleben-Können, als Wohltat zu empfinden und drängte nun Liszt auf den Weg, den er von da an eingeschlagen. Er sollte nur noch zur Ehre Gottes schaffen, sollte der Direktor und Regenerator der päpstlichen Kapelle und zu dem Zweck Abbé werden. Als im März 1864 Prinz Wittgenstein starb und ihrer Vereinigung nichts mehr im Wege gestanden hätte, hatten beide sich schon so sehr in den Gedanken der Entsagung eingelebt, daß keine Rede mehr von Trauung war.»[115]

Viel später, 1872, schrieb die Fürstin, die sich inzwischen in religiösen Gedanken verloren hatte, an Liszt: «Die Vorsehung hat es nicht gewollt. Widrige Leidenschaften sind so mächtig gewesen, daß sie die festesten Entschlüsse vereiteln konnten... Es galt also etwas Besseres zu suchen, und dieses Bessere, glaube ich, hat die Vorsehung Sie in der Kunst finden lassen, die nun die Nachfolgerin von dem wurde, was nicht zu verwirklichen war. Der größte Irrtum Ihres Geistes und Ihres Herzens wäre es, diesen Akt zu bedauern. Und nun will ich alle irdische Betrachtungsweise verlassen – Sie würden dafür in zweifacher Weise un-

Carolyne. Altersbild, 1876

empfindlich sein. Sie können nämlich nicht abwarten, und Sie verachten alles, was nicht sofort eintritt! Daß es damals mißglückt ist, war – abstrakt gesprochen – gut, denn – konkret gesprochen: der Augenblick, an dem es Ihnen Freude gemacht hätte, war vorbei.»[116]

Nach dem Scheitern ihrer Ehepläne zog sich die Fürstin in eine kleine Wohnung in Rom zurück und widmete sich ihren Schriften über die Kirche. Sie erstarrte, wie ihre Tochter schreibt, «immer mehr in einer erkünstelten geistigen Dunstsphäre, in welche sie sich wie eine der alten Sibyllen eigensinnig einhüllte».

Wie Adelheid von Schorn berichtete, ließ sich Liszt durch die Fürstin überzeugen, er sei berufen, die Musik der römisch-katholischen Kirche zu erneuern. Eine große Aufgabe wurde ihm in Aussicht gestellt, zu deren Erfüllung Liszt letztendlich nie berufen wurde. Die Fürstin, ihrerseits, wurde in raffiniertester Weise von kirchlicher und Hohenlohescher Seite aus ermutigt, sich in den Dienst der Kirche zu stellen. Haraszti trifft den Nagel auf den Kopf, indem er schreibt: «Koste was es kosten mag, man mußte die Liebenden von Woronince trennen und vermeiden, daß die Mutter von Marie [der verheirateten Fürstin von Hohenlohe] eine Ehe mit dem ‹Musikus› eingehe. Dazu gab es kein besseres Mittel, als in der ambitiösen Carolyne den Stolz zu erwecken, ein ‹Matriarch› der Kirche zu werden, und in Liszt den Wunsch nach einer Berufung zum Kapellmeister am päpstlichen Hofe zu entfachen.»[117] Die Fürstin ist freudig in diese Falle gegangen; Liszt seinerseits war für die hochtrabenden Schmeicheleien des Monsignore Gustav von Hohenlohe – Constantins Bruder – sehr empfänglich. 1859 schrieb der Monsignore an Liszt: «Der Herr hat Sie berufen, um Seinen Namen in der geistlichen Musik zu verherrlichen; es ist die Rolle der Engel, die mit ihrem Hosannah Gott preisen ... Ihre Inspiration, die Gott Ihnen eingegeben hat, wird die Seele und das Entzücken der Gläubigen sein, und eine mächtige Waffe, die verlorenen Kinder Unserer Heiligen Mutter Kirche zuzuführen ...»[118]

Dabei hat die Kirche keinen Augenblick daran gedacht, Liszt mit irgendwelchen Aufgaben zu betrauen – jenen Liszt, der in seiner Jugend den Saint-Simonisten nahestand und 1835 eine von Marie d'Agoult verfaßte Schmähschrift gegen die Kirche unter seinem Namen erscheinen ließ.

Um eine lange Geschichte kurz zu erzählen: nach allen Enttäuschungen und auf das unablässige Betreiben der Fürstin erhielt Liszt 1865 die niedrigsten Weihen der Kirche – derselbe Liszt, der zehn Jahre früher geschrieben hatte: *Vom Künstler ist doch unmöglich, das Gelübde der Enthaltsamkeit, der Armut und des Gehorsams zu verlangen, zu verlangen, daß er der Liebe in irgend einer ihrer Formen entsage, sei es der sinn- und der seelenbewegenden, der asketischen oder der mystischen!* [119]

Warum also entschloß sich Liszt zu diesem wahrlich unsinnigen Schritt? Um Aufsehen zu erregen und die Aufmerksamkeit auf sich zu lenken, wie damals weit und breit vermutet wurde? Oder um der Fürstin, nach deren Verzicht auf die Ehe, ein Gegenopfer zu bringen? Damit er Kapell-

Abbé Liszt. Lithographie von Alfred Lemoine nach Erwin, 1866

meister am Vatikan werden konnte? Aus christlicher Überzeugung? Um eine Zuflucht aus seiner inneren Verzweiflung zu finden? Um sich einer Disziplin zu unterwerfen, nachdem die der Fürstin entfiel?

Wahrscheinlich haben alle diese Gründe dazu beigetragen, daß er die Soutane anlegte. Wer nur eigennützige Motive darin sieht, verkennt die komplizierte Natur Liszts, die ihn mal in diese, mal in jene Richtung zog.

Haraszti, der betont, daß «viele menschliche Gründe» im Spiel waren, fügt eine weitere Überlegung hinzu, die durchaus einleuchtend ist: «Liszt war Psychologe genug, um die vielen Schwierigkeiten vorauszusehen – für sich selbst, für seine künftige Frau und für die große Welt – die ein so fataler Entschluß [wie der, die Fürstin zu ehelichen] zur Folge gehabt hätte. Er kannte allzu gut den Charakter der Fürstin und wußte, daß seine Liebe zu ihr nur unter einer Voraussetzung bestehen konnte – nämlich, daß er getrennt von ihr lebe. Schon war Liszt, durch Carolynes Schuld, zum Vagabundenleben verurteilt, das seiner Gesundheit und seiner Kunst schadete. Er war ohne Heim; niemand kümmerte sich um ihn. Liszt mußte befürchten, daß, wenn er ihre Position legitimierte, Carolyne ihn überallhin begleiten, ihn mit ihrer Eifersucht verfolgen und ihm ihren Willen aufdringen würde; und schließlich, daß sie, mit ihren ‹theologischen Phantasien›, eine Kollusion mit der Kirche provozieren könnte. Und wenn er dann, am Ende seiner Geduld, die Frau verlassen würde, die seine gesetzmäßige Gattin geworden war, wäre seine eigene Existenz völlig erschüttert worden. Er hätte jeglichen moralischen Halt verloren. Konnte er der Welt die Gegenseite jenes Schauspiels entlarven, das sie während so vieler Jahre gespielt hatten?»[120]

So wurde das Drama, das 1847 in Woronince begann, zu Ende gespielt, zum Verhängnis der beiden Beteiligten. Nach dem Entschluß, Weimar zu verlassen, nahmen die Dinge ihren unerbittlichen Lauf, der an eine griechische Tragödie erinnert.

Es ist nutzlos, darüber zu spekulieren, was hätte sein können. Doch muß man sich fragen, wie das Drama ausgegangen wäre, wenn die beiden die Altenburg nicht verlassen hätten. Das Ergreifendste ist, daß die Fürstin zu spät ihren Fehler erkannte. Nur zwei Jahre nach Liszts Eintritt in den geistlichen Stand schrieb sie ihm: «Ich frage mich vielmehr, ob ich nicht etwas Schlechtes, ja etwas Niedriges getan habe, ob ich Sie nicht geopfert habe, weil ich mich in Rom wohl befinde, wo meine theologischen Fantasien geschätzt werden; und das wäre etwas, das gewissermaßen an Judas Ischariot erinnert!... Gott hat Ihnen ein Genie verliehen, ein besonderes Genie. Dieses Genie habe ich verstanden, habe es geliebt, und ich habe mir gelobt, für seinen Ruhm zu leben. Was tue ich jetzt, indem ich Sie veranlasse, sich an Rom zu fesseln? Schmücke ich mit unmöglichen Scheinhoffnungen die Wünsche meines selbstsüchtigen Alters? Oder gehorche ich in Wahrheit dem guten Gott, indem ich Sie veranlasse, eine große Aufgabe zu lösen ihm zur Ehre und der ganzen Welt zur Erbauung?... Ich weiß es nicht!»[121]

Arme Carolyne, die aufrichtig gewünscht haben mag, das Richtige zu tun, und immer das Falsche wählte. Armer Liszt, der mit sich selber nie fertig wurde und sich von einer Frau hat führen lassen, die ihn, trotz aller Beteuerungen, nie ganz verstanden hat.

Irgendwann in den Jahren 1859 bis 1861 resignierte Liszt, wahrscheinlich in dem Augenblick, als er sich selber eingestehen mußte, daß sein Bündnis mit der Fürstin ein Fehler war. Schon 1848, als er dieses Verhältnis einging, hat er manchem entsagt (wenn auch nicht gänzlich), das zu seinem früheren, überschwenglichen Leben gehörte. Dabei hatte er aber, solange er in Weimar lebte, gewonnen. Die zweite Entsagung – für die seine Übersiedlung nach Rom nur das äußerliche Symbol ist – brachte ihm weder Vorteile noch jenen inneren Frieden, nach dem er sich sein Leben lang sehnte und den er niemals fand.

DIE LETZTEN JAHRE

Liszt war erst fünfzig, als er nach Rom ging; dreiundfünfzig, als er Abbé wurde. Und doch kann man ab diesem Zeitpunkt von seinen «letzten Jahren» sprechen. Das ist deprimierend, wenn man bedenkt, daß er noch ein Drittel seines Lebens vor sich hatte.

In diesen letzten Jahren war Liszt keineswegs untätig. Im Gegenteil, er trieb sich wieder in der Welt herum; er komponierte manch gute und viele weniger gute Werke vorwiegend religiösen Inhalts; er dirigierte, unterrichtete, setzte sich für verschiedene Projekte ein; wurde gefeiert und genoß, wie früher, die Liebe leidenschaftlicher Frauen. Doch war er trotzdem oder gerade wegen all dieser Geschäftigkeit ein Greis, der sich vom Leben treiben ließ, anstatt zu versuchen, das Leben zu gestalten. Es fehlte ihm an Konzentration, wie es ihm an einem Zuhause, an einem wirklichen Freund, an einer wirklichen Aufgabe und – wie man fürchten muß – an einem wirklichen Glauben fehlte. Der Fürstin schrieb er einmal: *Mein Gewand ist ein Zeichen der Entsagung, nicht der Begehrlichkeit oder irgendwelcher Berechnung.*

So wird Liszt mit 53 Jahren zum «lieben alten Abbé», wie er schon hundertmal geschildert worden ist. Statt Verklärung: Entsagung. Hierin liegt die wahre Tragödie des Menschen und des Künstlers. Auch sein Selbstvertrauen schwindet. Kurd von Schlözer, ein wichtiger und unbarmherziger Berichterstatter über die römischen Jahre Liszts, zitiert ihn wie folgt: *Mein Freund, glauben Sie mir, allen Jubel, alle Begeisterung würde ich hingeben, wenn ich nur einmal ein wirklich schöpferisches Werk hervorbringen könnte.*[122]

Newman, der hauptsächlich Liszts Schwächen sieht und hervorhebt, vergleicht den Meister in seinen letzten zwanzig Jahren mit einem Schiff ohne Ruder. Sein Entschluß, die niedrigen Weihen zu empfangen, sei auf «ein Wiedererwachen der alten Hoffnung auf geistige Gleichmäßigkeit zurückzuführen; aber die Hoffnung war ebenso unerfüllbar wie in den d'Agoult-Tagen. Die Fäulnis in seiner Seele konnte nicht von außen entfernt werden, sondern nur von innen; und ihm fehlte die Willenskraft und die sichere Hand, um sein eigener Chirurg zu sein... Wie immer

Aus den «Zwölf Kirchen-Chor-Gesängen»

sehnte er sich danach, gleichzeitig von der Welt zurückgezogen und in ihr zu leben; die gegensätzlichen Züge des Franziskaners und des Zigeuners gaben ihm das traurige Gefühl der Nutzlosigkeit und Verschwendung. Im Salon ließ er sich gern feiern; in seine Zelle zurückgekehrt, hat er dies verachtet, ja sich selber gehaßt, weil er es genoß.»[123]

Adelheid von Schorn schildert diesen Teufelskreis, unter dem Liszt zeit seines Lebens litt, und kommentiert in ihrer besonderen Art auch seine Beziehungen zu den Frauen:

«Aus den letzten Briefen der Fürstin ersieht man, daß seine Gesundheit abnahm. Er konnte nicht mehr genug essen, sein Magen war durch den Kognak und die starken Virginia-Zigarren verdorben. Je schwächer er sich fühlte, je mehr trank er Rotwein und Kognak. Das war un cercle vicieux, aus dem er sich nur herausfand, wenn er dadurch wirklich krank wurde und auf Befehl des Arztes nur Wein und Wasser trinken durfte...
Was Liszt für eine beispiellose Anziehungskraft auf das weibliche Geschlecht hatte, habe ich oft, fast mit Grausen, gesehen. Und das hörte auch mit seinem Altwerden nicht auf. Es war geradezu schmerzlich, daß sich noch immer solche fanden, die den ruhebedürftigen Greis als begehrenswerte Beute betrachteten. Aber wie Liszt – trotz alledem – an jeder Frau nur die beste ihrer Seiten sah, so ließ er sich darin auch nicht irre machen, wenn sie sich ihm aufdrängten. Seine Ritterlichkeit war auch eine seiner Eigenschaften, die das weibliche Geschlecht zu ihm hinzog – und ein Beweis seines edlen Charakters...
Liszt gab sich jedem weiblichen Wesen gegenüber, wie es von ihm verlangte. Daß so viele Frauen Liebe von ihm haben wollten, ihm leidenschaftlich entgegenkamen, gereicht unserem Geschlecht nicht gerade zum Ruhm. Die Männer räsonnierten natürlich furchtbar auf ihn – aber ich fürchte, der Grund war meistens der pure, blanke Neid. Liszt respektierte jede anständige Frau und hat mir einmal – in späteren Jahren – in einer sehr ernsten Stunde gesagt: ‹Ich habe nie ein junges Mädchen verführt.› Ich weiß, daß dieser Ausspruch wahr ist. Leider habe ich nur zu oft gesehen, wie sich ihm die Weiber aufdrängten, daß man hätte denken sollen, die Rollen wären vertauscht.»[124]
Es ist müßig, all die kleinen und weniger kleinen Liebesaffären zu verfolgen, die den Abbé Liszt in seiner Einsamkeit trösteten. Seine Zeitgenossen haben sich darüber amüsiert, als sie erfuhren, daß der berühmte Don Juan die Soutane angelegt hatte. Seine Abenteuer lieferten weiteres Material zur Belustigung und Empörung. Die meisten wußten nicht, daß die niedrigen Weihen kein Keuschheitsgelübde verlangten, und sie sahen in Liszt einen frivolen Priester.
Nur eine galante Episode dieser späten Jahre verlangt unsere Aufmerksamkeit – gerade diejenige, die bei Raabe keine Erwähnung findet. Dieser in mancher Hinsicht verdienstvolle, doch auch unzulängliche Biograph will uns einreden, man habe Liszts Beziehungen zu den Frauen «mehr Aufmerksamkeit geschenkt, als sie verdienen. Zugegeben, daß Liszt sich mit vielen Frauen eingelassen habe; das Wesentliche in ihm hat damit gar nichts zu tun.» Was Raabe übersieht, bzw. nicht wahrnehmen will, ist, daß Liszts Leben, dem er einen dicken Band widmet, einfach nicht ehrlich dargestellt werden kann, wenn diese «Weibergeschichten» bagatellisiert bzw. eliminiert werden. Sie als wichtigen Faktor zu erkennen, ist alles andere als «seichte Fabelsucht» und «schlechte Mode». Sie zu ignorieren bedeutet vielmehr: sich von den Vorstellungen leiten zu lassen, die die Fürstin, Liszt selber, Lina Ramann und deren Nachahmer sorgfältig verbreiteten und zur «Liszt-Legende» werden ließen.
Gewiß: Liszts Ruhm und seine Stellung in der Musikgeschichte be-

Olga Janina

ruhen keineswegs auf solchen Weibergeschichten. Wohl aber zum Teil seine damalige «Berühmtheit». Es hat keinen Sinn, in einer ersten Biographie Wichtiges auszulassen, weil es nicht in die eigene Auffassung hineinpaßt. In Liszts Leben waren die Frauen wesentlich. Sogar die prüde und für Liszt voreingenommene Adelheid von Schorn bestätigt es.

Der besondere Fall, der von Raabe und fast allen anderen Biographen als reine Erfindung einer rachsüchtigen Verrückten betrachtet wird, betrifft die Gräfin Olga Janina. Diese junge Italo-Russin, eine unbändige Natur, kam 1869 nach Rom, um bei Liszt Klavier zu studieren. Bald war Liszt ihr Liebhaber, und zwei Jahre lang folgte sie ihm überall hin – nach Weimar, Budapest, Szegard, Wien. Dabei hat sie sich psychisch und finanziell ruiniert. Der letzte Akt spielte in Budapest, wo sie den nunmehr kalten und abweisenden Abbé zunächst mit einem Revolver bedrohte, dann selber Gift nahm, auf Liszts inständiges Flehen ein Gegengift schluckte und verschwand. 1874 gab sie unter dem Namen Robert Franz ihre «Souvenirs d'une Cosaque» heraus, die Sensation machten und innerhalb von vier Jahren nicht weniger als dreizehn Ausgaben erlebten. Die Broschüre erzählt die Liebesgeschichte der Kosakin mit X***, den jeder ohne weiteres als Liszt identifizieren konnte. Ohne Zweifel war dies ein Racheakt und wurde als solcher kurzerhand diskreditiert. Nur ein Liszt-Biograph hat die Schrift ernst genommen und Konsequenzen daraus gezogen, die für die Liszt-Legende geradezu verheerend sind. Ernest Newman schreibt: «Nach dem sorgfältigen Studium des Buches im Lichte all dessen, das wir über Liszt wissen, sind wir gezwungen, es als vollkommen wahre Schilderung zu akzeptieren. In allen Details, die wir jetzt überprüfen können, war die Autorin korrekt; ihre Analyse von Liszt stimmt mit all dem überein, was wir unabhängig über ihn entdeckt haben. Olga Janina hatte nicht die Absicht, der Liszt-Legende entgegenzutreten. Davon wußte sie wirklich nichts, denn die Legende war damals noch nicht von den Biographen erfunden worden. Doch alles, was sie über Liszt sagt, widersetzt sich dieser Legende.»[125]

Was Olga Janina über den Mann Liszt, über seinen Lebenswandel, über die Atmosphäre, in der er sich bewegte, und über seinen Leumund schreibt, offenbart das wenig bewunderungswürdige Porträt eines maßlos eitlen, heuchlerischen, herzlosen Snobs, der zwischen religiösen Ekstasen und sinnlichem Begehren schwankte und bei dem die Frömmigkeit entschieden den kürzeren zog. Unter anderem erzählt sie, wie Liszt den Karfreitag und Samstag in der Kirche verbrachte: «Auf den Knieen vor dem Christus-Bild vergoß er Tränen und warf sich in die Brust. Ganz Weimar weinte vor Erbauung.» Olga saß derweil allein in ihrem Zimmer; plötzlich trat Liszt in sehr heiterer Verfassung ein. «Seine Augen waren feurig, leidenschaftlich. Er umarmte mich: nie hat ein Christ die Auferstehung seines Heilands besser zelebriert. ‹Siehst Du›, sagte er, ‹nichts tut so gut, als wenn man sein Gewissen in Ordnung bringt.› Ich verstand dann, daß er an ein periodisch wiederkehrendes Büßen gewohnt war. In der Tat widmete er alle sechs Monate eine Woche der Rettung seiner Seele. Ohne Zweifel glaubte dieser Mann an die Wirksamkeit, in den Augen des Himmels, seiner erbärmlichen Heucheleien.»

Über ihre ersten Eindrücke als Liszts Schülerin schreibt Olga Janina: «Als ich ihm von meiner hohen Geburt und meinem Vermögen erzählte, schwoll er vor Stolz und Behagen förmlich an, was mich irritierte, obwohl ich damals noch nicht verstehen konnte, warum. Erst viel später begriff ich... Die Respektlosigkeit und Frivolität, mit denen die Leute über ihn sprachen, schockierten mich – vor allem, daß sie seinem kirchlichen Stand so wenig Bedeutung zumaßen. Nun fing ich an, mir über diese schwache, kranke Seele klar zu werden – diesen vom Exzeß eines artifiziellen Lebenswandels gereizten Geist, diese durch unbefriedigtes Begehren aufgebrachte Fantasie... Ich erfuhr immer mehr Details über

X*** – über seine Liebschaften mit häßlichen oder alten Frauen, deren Adelstitel, Stand oder deren luxuriöse Häuser seiner Eitelkeit schmeichelten; über seine kolossale Eitelkeit; über seinen grenzenlosen Ehrgeiz, um jeden Preis von sich reden zu machen; über seine Leidenschaft für Anerkennung, für die billigsten Schmeicheleien, für die gewöhnlichste Art der Anbetung.»

Doch Olga war dem Abbé hoffnungslos verfallen. «In seiner Stimme gab es gewisse Tonfälle, die mich zu jeglichem Verbrechen überredet hätten.» Als sie ihn danach fragte, was geschehen würde, wenn sie ihr Vermögen verlöre, antwortete Liszt trocken: «‹Dann würdest Du bald die Luft Deines Heimatlandes einatmen...› Er ist durch Eitelkeit verfault. Er hat mich nur deswegen geliebt, weil ich reich war.»[126]

Liszts veröffentlichte Briefe an die Fürstin erwähnen nur selten die Janina-Episode, wobei die Dinge entschieden anders – zu Liszts Gunsten – und sehr knapp dargestellt werden. Am 10. Mai 1871 schreibt Liszt: *Sie wissen ja, daß Mme. Janina seit mehr als vierzehn Tagen in Rom bei ihrer Freundin Széméré wohnt. Was Sie über sie schreiben, ist außerordentlich zutreffend – und ich bin sehr betrübt, daß eine so intelligente und künstlerisch begabte Frau sich in einer Art Besessenheit auf einen Abweg begibt, der sie unweigerlich ins materielle und moralische Elend führen wird... Was soll aus ihr werden? Daß sie ihr Vermögen verloren und mehrere Selbstmordversuche gemacht hat, sind keine guten Vorzeichen für ihre Zukunft. Um Christi willen, behalten Sie aber das, was ich Ihnen hier mitteile, ganz für sich.*[127]

Und am 29. November desselben Jahres teilt Liszt der Fürstin mit: *Ihre schönen Bemerkungen über die Entwicklung der Musik und die besondere Bedeutung der religiösen Musik haben mich außerordentlich interessiert. Ich schreite auf den Weg voran, den Sie mir gewiesen haben, und teile Ihre Überzeugungen – bis auf diejenigen, die meinen persönlichen Wert betreffen, den ich selbst, ohne falsche Bescheidenheit, nicht hoch einschätze. Die Engel des Himmels seien mit Ihnen.*[128]

Angesichts des Aufsehens, das Liszts zweijähriges Verhältnis mit Olga Janina und das Erscheinen ihrer «Souvenirs» erregten, ist anzunehmen, daß dieses Thema in anderen Briefen Liszts auftaucht, die unterdrückt oder vernichtet wurden.

Nach den «Souvenirs» erschienen andere anonyme oder unter Pseudonymen geschriebene Broschüren, die vermutlich alle aus der Feder Olga Janinas stammten, darunter: «Les Amours d'un Cosaque» von «einem Freund des Abbé X» (1875); «Mémoires d'un Pianiste» – eine fingierte Antwort auf die «Souvenirs»; und «Le Roman du Pianiste et de la Cosaque» von «Sylvia Zorelli». Letzterer ist eine Parodie auf Liszt und Marie d'Agoult, in der die Protagonisten heißen: François-Xavier und... Nélida! Das Werk enthält Dinge, die Olga nur aus einer Quelle hat erfahren können – nämlich von Liszt selber. Sicherlich hat sich Marie d'Agoult heftig darüber geärgert, muß aber gewußt haben, daß Liszt dahintersteckte.

Freilich beweisen diese maliziösen Schriften Olga Janinas einen äußerst

Liszt am Schreibtisch in Weimar

schlechten Geschmack; was aber kein Grund ist, sie gänzlich zu ignorieren. Trotz aller Übertreibungen zeigen sie eine Seite Liszts, die existierte, auch wenn man es nicht wahrhaben möchte. An sich haben Olga Janinas «Souvenirs» eine nur sehr bedingte Bedeutung. Sie sind eins unter vielen anderen Details, die sich zu einem Liszt-Bild zusammenschließen. Und dieses Bild unterscheidet sich von dem, das von seinen Anhängern mit großer Sorgfalt gemalt wurde.

Es ist keineswegs das Bild eines geläuterten Menschen, der in seinen späten Jahren seelischen Frieden fand, sondern das Bild eines Gequälten, der nicht imstande war, den Teufel zu besiegen, der in ihm wohnte. Liszt wollte die Ruhe der Einsamkeit, aber er konnte ohne die Gesellschaft nicht existieren. Er wollte sich auf große Werke konzentrieren, zersplitterte sich jedoch in tausend Einzelunternehmungen. Er träumte vom einfachen Leben, konnte aber der Welt des Mammons nicht entsagen. Er pries die Schönheit der Natur, aber das ländliche Leben langweilte ihn. Er täuschte einfache Güte vor, während es in seiner unruhigen Seele kochte. Er erklärte seine scheinbare Indifferenz gegenüber öffentlicher Anerkennung, Orden und Auszeichnungen, während er die Hand danach ausstreckte. Er gab sich als Demokrat, ging aber vor dem Adel in die Knie. Der Zerrissenheit seiner Persönlichkeit, die zeit seines Lebens eine Gefahr für ihn bedeutete, konnte er in den letzten Jahren nicht mehr Herr werden. Die ganze Tragik seines Lebens wird nun evident. Er aber spielte konsequent die Rolle weiter, die ihm von der Fürstin zugeteilt worden war – die Rolle des frommen, bescheidenen, seelenguten Abbé. Kein Wunder, daß er sich mit dieser Rolle identifizierte, denn er hatte mitgeholfen, sie zu entwerfen.

An Geschehnissen waren diese letzten Jahre nicht arm, wohl aber an Bedeutung, sei es für Liszt selber, sei es für die musikalische Welt. In Rom, wo er sich bis 1869 niederließ, lebte er die meiste Zeit in einem Kloster auf dem Monte Mario, mit herrlichem Blick über die Ewige Stadt und gleichzeitig nahe dem Zentrum und dem Vatikan. Es währte nicht lange, und er verkehrte in der aristokratischen Gesellschaft und mit den kirchlichen Würdenträgern. Gelegentlich spielte er in Wohltätigkeitskonzerten; ein paarmal auch für den Papst. Auch nahm er Klavierschüler an. Seine Projekte und Bemühungen um die Reform der Kirchenmusik, die ihn in den ersten römischen Jahren beschäftigten, gab er auf, als er sich klar darüber wurde, daß die Kirche keineswegs daran interessiert war.

In den sechziger Jahren schrieb er seine letzten größeren Werke: die Oratorien *Die Legende der heiligen Elisabeth* (1857 begonnen, 1862 vollendet) und *Christus* (1866), die *Ungarische Krönungsmesse* (1867) und das *Requiem* (1868). Daneben eine große Zahl geistlicher Chöre, einige Originalwerke für Klavier, Überarbeitungen früherer Werke und Transkriptionen eigener Werke oder Werke anderer Komponisten.

1862 schrieb Liszt aus Rom an Franz Brendel, der sich als Herausgeber der «Neuen Zeitschrift für Musik» für Liszt und seine Werke stark einsetzte: *Ich bin fest entschlossen, längere Zeit hier ungestört, unaufhaltsam und consequent fortzuarbeiten. Nachdem ich die mir gestellte symphonische Aufgabe in Deutschland, so gut ich es vermochte, zum größten Theil gelöst habe, will ich nunmehr die oratorische (nebst einigen zu derselben in Bezug stehenden Werken) erfüllen. Die Legende der heiligen Elisabeth, welche seit ein paar Monaten gänzlich beendet ist, darf nicht isoliert bleiben, und ich muß dafür sorgen, daß die gehörige Gesellschaft für dieselbe heranwächst! In meinem Alter (51 Jahre!) ist es gerathen, zu Hause zu bleiben; was man zu suchen hat, findet sich inwendig, nicht auswärts.*[129]

Trotzdem komponierte Liszt nach *Die Legende der heiligen Elisabeth* nur noch ein Oratorium: *Christus*. Weder diese zwei Oratorien noch die übrigen geistlichen Werke Liszts brachten ihm die erhoffte Anerkennung – erst recht nicht in der Kirche, denn das stark betonte dramatisch-subjektive Element wurde als unpassend empfunden. Erst nach bitteren Kämpfen gelang es, die *Ungarische Krönungsmesse* aufzuführen, welche Liszts Landsleute zur Krönung Franz Josephs 1867 in Budapest in Auftrag gegeben hatten. Es ist ein prunkvolles Werk, musikalisch aber weniger bedeutend als die *Graner Messe* von 1856.

Die gewaltige *Graner Messe* wurde 1866 in der Pariser Kirche Saint-Eustache zum erstenmal in Frankreich aufgeführt. Liszt, der nach wie vor den größten Wert auf das Pariser Publikum legte, wohnte der Aufführung bei, die reges Interesse erweckte, jedoch eine sehr schlechte Kritik fand. Zum Mißerfolg tat Marie d'Agoult das ihre, indem sie einen Teil der Presse gegen das Werk stimmte. Bis zu ihrem Lebensende war sie

Villa d'Este in Tivoli bei Rom

Liszt gegenüber nachtragend. Man darf Haraszti glauben, wenn er sagt: «Der Lebensabend Marie d'Agoults war noch schmerzvoller als ihre Jugend. Ihr Bruch mit Liszt, 30 Jahre früher, hatte ihr moralisches Gleichgewicht für immer beeinträchtigt. Koketterien und Idylle konnten die Erinnerung an Franz nicht verwischen... Noch schlimmer: die Unglückliche wurde zu einem pathologischen Fall. Von der idée fixe der Rache verfolgt, erlitt sie Krisen akuter Neurasthenie.»[130]

Gerade zu jener Zeit ließ Marie d'Agoult die zweite Auflage von «Nélida» erscheinen, und Liszt führte sein letztes Gespräch mit ihr, wobei die Fürstin den endgültigen Sieg davontrug. Aber was für einen Sieg!

Als Liszt zehn Jahre nach dieser letzten Unterhaltung die Nachricht von Marie d'Agoults Tod (1876) erhielt, schrieb er an die Fürstin über die einzige Frau, die er je geliebt hat: *Aus den Zeitungen erfuhr ich von dem Tod von Daniel Stern. Ohne Heuchelei kann ich sie nach ihrem Ableben ebensowenig beweinen wie während ihres Lebens.*[131]

Im Jahre 1866 starb Liszts Mutter in Paris – jene bedauernswerte Frau, die weder ihren merkwürdigen Sohn noch die Welt, in der sie sich bewegte, verstehen konnte und die einen ganz kleinen Platz im Leben Liszts einnahm. Vier Jahre vor dem Tode seiner Mutter (1862) starb seine Lieblingstochter Blandine, die fünf Jahre lang eine überaus glückliche Ehe mit dem französischen Diplomaten Émile Ollivier geführt hatte. Sein Sohn Daniel war 1859 gestorben. Hinzu kam, daß viele ehemalige Freunde und sogar Schüler Liszt den Rücken kehrten, darunter Berlioz und, während einiger Jahre, Richard Wagner.

Andererseits konnte sich Liszt über den Erfolg einiger Werke freuen, denn nicht überall wurden sie so unfreundlich aufgenommen wie zum Beispiel die *Graner Messe* in Paris. Vor allem fand die *Heilige Elisabeth* in Budapest bei ihrer Uraufführung unter Liszt großen Beifall, ebenfalls in München unter Hans von Bülow, in Wien und anderswo. In Amsterdam wurde die *Graner Messe* erfolgreich aufgeführt. Doch wurde es allmählich klar, daß sich Liszts Werke nicht in dem Maße durchsetzen würden, wie er es gehofft hatte. Schuld daran war zum Teil die Opposition seiner Gegner, die teils persönliche, teils ästhetische Gründe hatte. Noch wesentlicher war die Tatsache, daß viele mit Liszts Musik nichts anzufangen wußten. Das lag weniger an ihrer Modernität als an einem persönlichen Stil, der sich in keine Kategorie einreihen läßt. Liszts Musik schien der damaligen Zeit weder «typisch» deutsch noch ungarisch, noch italienisch, noch französisch. Auch die Verschiedenartigkeit seiner Kompositionen stand – und steht noch heute – im Wege. Daß er neben großen Werken so viele kleine, oft unbedeutende oder gar frivole Stücke (wie Opern-Paraphrasen) schreiben konnte, hat seine Position geschwächt. Die Unzahl der Arrangements und Transkriptionen, die er mühelos, doch mit großem Können verfertigte, wurde als Mangel an schöpferischer Kraft ausgelegt. Solche «Kleinarbeit» hat er bis zu seinem Lebensende verrichtet, zum Teil wohl, um Geld zu verdienen, aber auch als eine Art Ersatz für die großen Werke, die er – aus diesem oder jenem Grund – nicht mehr schreiben konnte. Hier sei nur eine kleine Kostprobe aus den vielen Klavierbearbeitungen seiner späteren Jahre herausgegriffen: Lieder von W. J. Otto Leßmann (ca. 1882), Gounods «Hymne à Sainte Cécile» (1866), Felix Dräsekes Cantata «Der Schwur am Rütli» (1870), Liebesszene und Fortunas Kugel aus «Die Sieben Todsünden» von Adalbert von Goldschmidt (1880), Saint-Saëns' «Danse macabre» (1876). Hinzu kommen eine Menge Arrangements von eigenen Klavierwerken zu zwei und vier Händen und für zwei Klaviere. Humphrey Searles Werkverzeichnis enthält fast 300 solcher Paraphrasen, Transkriptionen und Bearbeitungen, wobei manche dieser 300 Eintragungen aus mehreren Einzelstücken bestehen (z. B. Schuberts «Schwanengesang» mit vierzehn Liedern).

Liszts Interesse für die Werke anderer Komponisten, wie es allein aus der Zahl solcher Bearbeitungen hervorgeht, war für viele der Anlaß, ihn als «unschöpferisch» abzustempeln, wobei man vergaß oder verschwieg, daß er über 350 Originalwerke hervorbrachte. Daß darunter viel Unbedeutendes ist, macht die Aufgabe, die Spreu vom Weizen zu sondern, nicht gerade einfach. Die Tatsache, daß vieles immer noch nicht in modernen Ausgaben erschienen ist (die Lisztsche Gesamtausgabe ist unvollendet geblieben), erschwert zudem eine gerechte Einschätzung. In gewisser Hinsicht hat Liszts schöpferische Kraft in den letzten zwanzig Jahren seines Lebens nachgelassen. Es gibt viele Werkchen dieser Zeit, denen es an Originalität gänzlich fehlt. Dazwischen jedoch hat er Dinge komponiert, die so verblüffend waren, daß sie damals als die Ausgeburten eines schwachsinnig gewordenen Greises abgetan wurden. Erst in unserem Jahrzehnt hat man die wirkliche Bedeutung vieler der bisher verschmähten, meist kleineren Spätwerke Liszts erkannt, die vor allem auf harmonischem Gebiet weit in die Zukunft weisen – so zum Beispiel der dritte Band der *Années de Pèlerinage* und der zweite *Mephisto-Walzer*.

Trotz aller Geschäftigkeit waren die letzten Jahre Liszts eher monoton. Ab 1869 verbrachte er seine Zeit abwechselnd in Rom, Weimar und Budapest. 1868 ging er zunächst nur besuchsweise nach Weimar zurück, wo er auf Wunsch des Großherzogs Karl Alexander jedes Jahr einige Monate verbrachte. Nachdem der Haushalt in der Altenburg aufgelöst worden war, richtete man Liszt eine pittoreske Wohnung in der Hofgärtnerei ein. Sie wurde zu einem Wallfahrtsort, wo Liszt von vielen Bewunderern und auch Neugierigen aufgesucht wurde. Dort sammelte sich wieder eine Schar von Schülern um ihn, denen er, wie es seine Gewohnheit war, kostenlos Klavierunterricht gab.

Daß er seine Zeit mit Kleinigkeiten vergeudete, geht aus vielen zeitgenössischen Quellen hervor. So war es ihm unmöglich, selbst nur mittelmäßig Begabten etwas abzuschlagen. Seine Korrespondenz nahm Riesenproportionen an; einmal äußerte er, daß er jedes Jahr rund zweitausend Briefe schreibe, und diese Zahl dürfte stimmen.

In Italien wohnte Liszt ab 1868 hauptsächlich in der herrlichen Villa d'Este in Tivoli, unweit von Rom, wo er Gast des Kardinals Gustav von Hohenlohe war. Dort fand er zeitweise jene Ruhe, nach der er sich so sehnte, die er jedoch nur für kurze Perioden ertrug. Seine für die da-

Die Weimarer Hofgärtnerei

malige Zeit erstaunlichen, den Impressionismus vorwegnehmenden Klavierwerke *Les jeux d'eaux à la Villa d'Este* und die zwei Threnodien *Aux cyprès de la Villa d'Este* spiegeln die Atmosphäre dieser Stätte wider. Nebenbei sei bemerkt: Die ersten Takte der zweiten Threnodie sind dem Anfang von Wagners «Tristan und Isolde» sehr ähnlich. Daraus könnte man die falsche Schlußfolgerung ziehen, Liszt habe seinen großen Freund nachgeahmt, was deshalb falsch wäre, weil Liszt schon um 1845 – also mehr als zehn Jahre vor Wagners «Tristan» – die berühmten *Tristan-Harmonien* erfunden hatte (im Liede *Ich möchte hingehen*).

Im Laufe der sechziger Jahre wurden Liszts Beziehungen zu Ungarn enger. In Budapest entstand das Projekt, eine Musikhochschule unter seinem Vorsitz zu gründen. 1871 wurde Liszt zum Königlich-Ungarischen Rat ernannt, und von nun an verbrachte er jedes Jahr einige Monate in der ungarischen Hauptstadt. 1875 wurde die Musikakademie eröffnet, mit Liszt als Präsident und Ferenc Erkel als Direktor.

Die Fürstin von Sayn-Wittgenstein widersetzte sich emphatisch Liszts Tätigkeit in Budapest und ebenso der in Weimar, denn sie hätte ihn gern ständig an Rom gebunden. 1872 schrieb sie: «Pest ist für Sie ein Übergang, Weimar wird eine Unnötigkeit ... All Ihr Kokettieren mit dem Pester Publikum und dem egoistischen und herzlosen Hof von Weimar führen Sie zu gar nichts – erwägen Sie, um wieviel wichtiger es ist für Sie, hier zu arbeiten, als dort zu bummeln.»[132]

Wiederholt tadelt die immer weltfremder werdende Fürstin Liszt we-

Das Festspielhaus in Bayreuth

gen seiner Faulheit, wegen seines Lebenswandels und wegen seiner Erscheinung. Im letzten Punkt hatte sie allerdings recht, denn der ehemalige Dandy vernachlässigte im Alter seine Kleidung. Was den Mißbrauch starker Getränke angeht, so hatte sie ebenfalls recht. Die Vorwürfe der Fürstin aber erstreckten sich sogar auf Liszts Glauben: «Sie tragen mit Leid, mit Schmerz, vielleicht mit Scham das Kleid der Miliz Jesu. Sie glauben die Uniform dessen zu tragen, was vergeht, was hinfällig geworden ist ... Sie fühlen sich unglücklich, weil Sie an das gebunden sind, was Sie in Ihrer Jugend gelernt haben zu verachten, zu beklagen!»[133]

Die immer größer werdende Schwierigkeit, mit der Fürstin auszukommen, trug dazu bei, daß Liszt nur einen Teil seiner Zeit in Rom verbrachte. Adelheid von Schorn, die Liszt und der Fürstin zugetan war, hat einen typischen «Familienabend» bei der Fürstin beschrieben: «Oft las ich aus der ‹Augsburger Allgemeinen› vor und konnte fast sicher sein, daß über die täglichen Vorkommnisse Meinungsverschiedenheit herrschte. So klar und scharf die Fürstin alles beurteilte, was in das ideale Reich der Gedanken gehörte, so unklar war sie, wenn sie sich auf dem

Boden der Wirklichkeit bewegte. Sie glaubte immer, daß alles anders sei, als es gesagt oder gedruckt wurde. Die Fürstin stand noch auf dem Standpunkt, daß sie glaubte, es müsse etwas weiß sein, weil es schwarz genannt wurde. Sie sagte dann: ‹So ist es in der großen Welt.› Liszt kämpfte oft gegen diesen ihren Glauben an und meinte, manchmal seien die Dinge, die gesagt oder geschrieben würden, doch wahr.»¹³⁴

Zwischen den drei Hauptstationen Rom, Weimar und Budapest besuchte Liszt andere Städte, um Freunde zu sehen oder Aufführungen eigener Werke beizuwohnen. Als er sich 1872 entschloß, den Zwist mit Wagner zu vergessen und nach Bayreuth zu fahren, war die Fürstin außer sich. «Das wäre», schrieb sie ihm, «als wenn Sankt Peter sich zu Judas Ischariot begäbe!»

Daß Liszt seinen Geburtstag in Bayreuth verbringen wollte, empörte die Fürstin noch mehr: «Sie gefeiert zu sehen von denen, die Jesum Christum in Worten und Taten verleugnen, die Böses tun, und sagen, daß sie Gutes täten – das wird einmal ein schmerzliches Kapitel in Ihrer Biographie sein, da Sie sich ja selbst sagen müssen, daß Sie dieses

Fest herausgefordert haben, indem Sie gerade in diesen Tagen Ihren Besuch in Bayreuth machen!»[135] (Dieses Zitat zeigt ebenfalls, wie sehr die Fürstin an der Schöpfung der Liszt-Legende arbeitete.)

Trotz aller Vorwürfe ließ sich Liszt diesmal nicht abhalten und fuhr ab 1875 fast jedes Jahr zu den Festspielen nach Bayreuth, auch nach Wagners Tod im Februar 1883.

Die letzten Jahre Liszts sind ein trauriges Kapitel. Raabe sagt darüber: «Da zeigt sich die grausige Einförmigkeit seines Lebens, das zwar immer noch bewegt, geräuschvoll, nach außen hin oft glänzend war, das aber in seiner beständigen Wiederholung des Dagewesenen die Befriedigung ausschloß. Freilich hat Liszt auch in dieser Zeit in höchstem Maße segensreich gewirkt, vor allem durch seine Lehre. Schon in Rom hatte sich – ohne sein Zutun – eine kleine, allmählich größer werdende Schar von Schülern um ihn gesammelt, unter denen der bedeutendste Giovanni Sgambati war. Als er dann wieder regelmäßig nach Weimar ging, kamen von überallher Pianisten und Pianistinnen, um von ihm zu lernen. Und ebenso war es, als er seine Tätigkeit an der Budapester Akademie aufnahm. Stets unentgeltlich unterrichtend, verwandte Liszt auf dieses Heer von Schülern viel Zeit und Kraft. Leider wurde seine Güte oft von Unwürdigen mißbraucht. Dafür war aber der Erfolg, den seine Lehre bei den Begabtesten erzielte, etwas, das der ausübenden Kunst für alle Zeiten eine starke Grundlage gegeben hat, denn die Klavierspieler, die aus dieser Schule hervorgegangen sind, haben wieder eigene Schüler nach Liszts Art gefördert.»[136]

Das lange Verzeichnis der Liszt-Schüler enthält viele illustre Namen, darunter: Eugen d'Albert, Rafael Joseffy, Frederic Lamond, José Vianna da Motta, Moriz Rosenthal, Emil Sauer, Alexander I. Siloti und István Thomán, den Klavierlehrer Béla Bartóks und dessen Vorgänger an der Budapester Musikakademie. Einige Schüler haben ihre Erinnerungen an Liszt niedergeschrieben: Amy Fay, August Stradal, Vianna da Motta, August Göllerich und andere. Logischerweise spiegelt die Mehrzahl dieser Erinnerungen die Hingebung der Autoren an den verehrten Meister wider, der bis zu seinem Lebensende eine große Anziehungskraft ausübte. Als biographische Quellen sind sie deshalb mit größter Vorsicht zu gebrauchen. Hinzu kommt, daß die Autoren Liszt nur in seinen späten Jahren kannten, und sie zitieren Äußerungen des Meisters über Geschehnisse aus früheren Zeiten, die Liszt unabsichtlich – oder absichtlich, als Mitschöpfer der Legende – verdrehte. Es sei hier nur ein Beispiel dessen angeführt, was man in solchen Erinnerungs-Schriften lesen kann: «Auffallend ist die große Anspruchslosigkeit für seine eigene Person. Er ist mit allem zufrieden; seine Domizile sind überall bescheidenster Art, nirgends ein Luxus, man erschaut nur das Notwendigste in seinen Zimmern. Auf Reisen benutzt er nur die zweite Klasse, bestellt sich auch nie ein Halbcoupé, um allein zu fahren, und wählt ganz einfache Zimmer in den Hotels. Er trinkt stets nur den leichten Château-Paluggyai-Wein und raucht nie eine andere Zigarre als die billige Virginia.»[137]

Liszt in späten Jahren

Liszt spielt im Haus Wahnfried

Als Zeugnis der starken Faszination, die Liszt auch noch im hohen Alter auf das Publikum ausübte, zitieren wir nicht einen Anhänger Liszts, sondern den «bösen, feindlich gesinnten» Hanslick, der 1879 die *Graner Messe* zu besprechen hatte:

«Es geschah in Hellmesbergers letzter Quartett-Soirée, daß während des Schubertschen Es-dur-Trios unbemerkt Liszt in den Saal trat. Bescheidentlich hielt er sich bis zum Schlusse des Stückes im Hintergrunde, um dann, die Reihen der Zuhörer entlang, seinen Sitz im ‹Cercle› aufzusuchen. Die allgemeine Aufmerksamkeit, die schon während des Schubertschen Finales stark ins Schwanken gerathen war, warf sich nun ausschließlich und in so gehobener Stimmung auf den berühmten Ankömmling, daß die ganze Versammlung wie auf ein Zeichen zu applaudieren begann und so lange damit fortfuhr, bis Liszt vortrat und sich dankend verbeugte. Es war ein reizender, unvergeßlicher Moment. Wir kennen keinen zweiten Fall, daß ein Künstler, der weder als Componist noch als Mitwirkender, sondern als einfacher Zuhörer einen Concertsaal betritt, vom ganzen Publicum laut und einhellig begrüßt worden wäre. Wenn heute Bismarck und Gambetta, Richard Wagner und Verdi, die jüngste, schönste Primadonna und der älteste Virtuose im Concert oder Theater erscheinen würden, sie dürften sich keiner solchen Scene rühmen. Niemand in ganz Europa, als gerade Liszt. Das in der Mehrzahl der Zuhörer instinctiv aufblitzende Gefühl, Liszt zu begrüßen, setzte sich wie an einer electrischen Kette fort, bis es fast gleichzeitig im ganzen Saale zum dröhnenden Ausbruche kam. Ein gemüthvoller, liebenswürdiger Zug, der wahrlich unser Publicum ziert, wie er den Gefeierten ehrt. Diese allgemeine, nicht blos dem Künstler, sondern ebensosehr dem Menschen geltende Sympathie kommt auch überall zum Vorscheine, wo Liszt intervenirt. Welcher Zauber umgibt noch immer den bejahrten Mann. Dirigirt er selbst eine seiner Compositionen, so schweigen nicht blos die bekannten Mißlaute der Opposition – wie sich das ja bei einem wohlerzogenen Publicum versteht – nein, das Opponiren selbst, das innere Widerstreben so mancher Zuhörer gegen Liszts Schöpfungen schweigt besänftigt, wenn das von Geist und Wohlwollen leuchtende Antlitz des alten Feuerkopfes sie anblickt und Liszts Musik gleichsam durch seinen Mund spricht ... Die Aufführung der *Graner Messe* bot einen merkwürdigen Anblick – das Sehen war ja dem Publicum in erster Linie wichtig. Auf einer erhöhten Dirigententribüne steht Liszt, in langem schwarzen Abbékleid, aus dessen oberen Knopflöchern ein langes schweres Büschel von Miniaturorden herabhängt, eine wahre Malaga-Traube von Ordenskreuzchen. Zahlreiche um das Pult gehängte und gelegte Blumen-Guirlanden und Lorbeerkränze bilden eine Art kleineren Bosquets, von dessen dunklem Grün sich das imposante weiße Haupt Liszts effectvoll abhebt. Liszt dirigirt, wenn man einige leicht andeutende Handbewegungen so nennen kann. ‹Der Dirigent soll Steuermann sein und nicht Ruderknecht›, lautet ein bekannter Ausspruch Liszts. Wenn man glücklicherweise zwei treffliche ‹Ruderknechte› arbeitend zur Seite hat, dann verschlägt es freilich wenig, daß der Steuermann zeitweilig die Hände in die Taschen steckt. Wenn er manchmal die Hand weit ausstreckte über Sänger und Musiker, da sah es mehr wie ein Segnen aus, als wie ein Dirigiren. Alles aber, er mag thun was immer, kleidet ihn vornehm und bedeutsam und übt den bekannten, halbhundertjährigen Zauber auf jung und alt.»

Und trotzdem konnte Hanslick das W e r k nicht gutheißen: «Die *Graner Messe* hat uns nach 20 Jahren sanfter gefunden, aber nicht glücklicher gemacht. Interessant durch zahlreiche geistvolle Züge, durch eindringende musikalische Exegese, imponirend durch Ernst und Größe ihrer Intentionen, merkwürdig endlich als die Schöpfung eines phänomenal organisirten, genialen Mannes, bleibt uns die *Graner Messe* doch schließlich ein durchaus unerquickliches, ungesundes und raffinirtes Werk, in welchem das Ringen nach religiösem Ausdruck und der unüberwindliche Hang nach theatralischer Effecthascherei fortwährend um die Herrschaft kämpfen.»[138]

Öffentliche Bewunderung wurde Liszt bis zu seinem Lebensende zuteil. Außerdem nahm er nicht weniger als siebzehn Ehrentitel entgegen: österreichische, deutsche, italienische, schweizerische und französische. Inwieweit er diese äußerlichen Zeichen seines Ruhmes schätzte, kann man schwer beurteilen: nach Liszts eigenen Aussagen sehr wenig; nach der Aussage zeitgenössischer Glossen und Karikaturen sehr viel – und zwar als Bestätigung seiner eigenen Herrlichkeit. Eines aber steht fest: Liszt war zu seiner Zeit einer der «Großen»; er war der ganzen zivilisierten Welt ein Begriff. Auch als «kleiner Abbé» blieb er der Grandseigneur, wie die Welt es von ihm erwartete.

Während der letzten fünf Jahre seines Lebens verschlechterte sich sein Gesundheitszustand. Im Juli 1881 stürzte er auf der Treppe seiner Weimarer Wohnung; von diesem Unfall hat er sich nie völlig erholt. Bülow schreibt: «Seine Unbehilflichkeit und körperliche (wie leider auch geistige) Schwäche ist in so hohem Grade Tag für Tag zunehmend, daß ihm ein wirkliches Malheur zustoßen könnte, wenn er sich selbst überlassen bliebe.» Nachdem er sich einigermaßen erholt hatte, reiste er – von seiner Enkelin Daniela von Bülow begleitet – nach Rom, um dort seinen 70. Geburtstag zu feiern.

Im folgenden Jahr (1882) wohnte er in Bayreuth der Uraufführung von Wagners «Parsifal» bei, den er als *das Wunderwerk des Jahrhunderts* pries. Bei dem Festbankett nach der Vorstellung brachte Wagner den Trinkspruch aus: «Als ich, um auf deutsch zu reden, ein ganz aufgegebener Mußjöh war, da ist Liszt gekommen und hat von innen heraus ein tiefes Verständnis für mich und mein Schaffen gezeigt. Er hat dies Schaffen gefördert, er hat mich gestützt, hat mich erhoben, wie kein anderer. Er ist das Band gewesen zwischen der Welt, die in mir lebte, und jener Welt da draußen. Daher sage ich nochmals: Franz Liszt lebe hoch!»[139]

Sieben Monate später erfuhr Liszt in Budapest von Wagners Tod, und zwar über Umwege. Seine Tochter Cosima telegrafierte ihm nicht, sondern ließ ihn nur durch ihre Tochter Daniela von Bülow bitten, n i c h t zur Bestattung nach Bayreuth zu kommen. Beim Weimarer Gedächtniskonzert an Wagners Geburtstag wurde Liszts merkwürdiges Stück *Am Grabe Richard Wagners* zum erstenmal aufgeführt. Dieses Stück ist eine Seltenheit unter Liszts Werken, denn es wurde ursprünglich für Streichquartett und Harfe komponiert, mit einer alternativen Version für Klavier. Sonst hat Liszt sehr wenig Kammermusik geschrieben. Nicht weniger interessant ist das Vorwort, das Liszt auf das Manuskript setzte: *Richard Wagner erinnerte mich einst an die Ähnlichkeit seiner Parsifal-Motive mit meinem früher geschriebenen «Excelsior». Möge die Erinnerung hiermit verbleiben. Er hat das Große und Hohe in der Kunst unserer Zeit vollbracht! 22. Mai, 1883.*[140]

Zu den Verdrießlichkeiten Liszts letzter Jahre zählt auch sein Verhältnis mit der Baronin Olga von Meyendorff. Liszt hatte die geborene Prinzessin Gortschakow, die mit einem russischen Diplomaten verheiratet war, Mitte der sechziger Jahre in Rom kennengelernt. Die feurige Aristokratin, die man «die schwarze Katze» nannte, gewann allmählich einen starken Einfluß auf Liszt. Sie übersiedelte Anfang der siebziger Jahre nach Weimar, wo der Meister jeden Abend bei ihr verbringen mußte, ob er es wollte oder nicht. Sie war eine sehr eifersüchtige Geliebte, und oft gab es heftige Auseinandersetzungen wegen Liszts Beziehungen zu seinen Schülerinnen. Der Preis, den Liszt für ihre Fürsorge zu bezahlen hatte, wurde ihm zu hoch, und zuletzt suchte er sich der Gesellschaft der Baronin zu entziehen. Er war nun in der Situation, daß er in seinen zwei Hauptquartieren Frauen hatte, die ihm zur Pein geworden waren: die Fürstin in Rom und die Baronin in Weimar. Für Budapest fiel seine Wahl anders aus. Es war ausnahmsweise keine Ade-

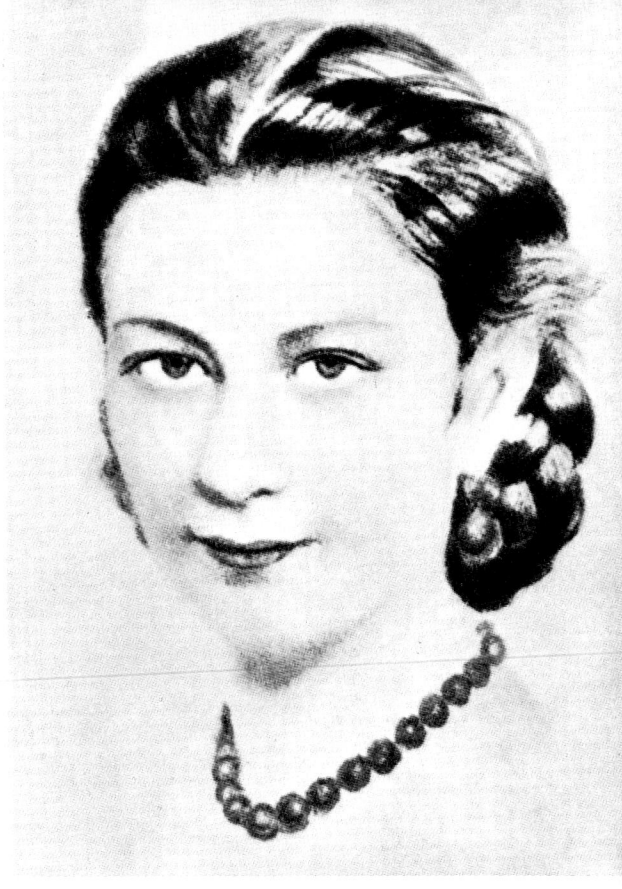

Olga von Meyendorff

lige, sondern seine junge Schülerin Lina Schmalhausen, die ihn betreute. Kapp schreibt über sie: «Sie war 1879 auf eine Empfehlung der Kaiserin Augusta zu Liszt gekommen. Die muntere Ausgelassenheit des jungen Mädchens erfreute ihn; sie war namentlich in Pest den ganzen Tag um ihn, und suchte ihm, soweit es in ihren Kräften stand, ein gemütliches Heim zu schaffen. Sie bereitete ihm die Mahlzeiten, so daß er nicht mehr auf das ihm nicht bekömmliche Restaurantessen angewiesen war und auf seinen Körperzustand dabei Rücksicht genommen werden konnte, sah nach seiner Garderobe, las ihm vor, kurz sorgte für ihn.»[141]

Bülow macht sich über die gute Lina lustig und findet den «ganzen Skandal» des Meisters unwürdig; doch hat sie den kranken Greis in seinen letzten Jahren mit großer Hingabe gepflegt und ermuntert.

Liszt mit Lina Schmalhausen (rechts)

Liszts Ende ist heroisch – fast glorreich –, eine passende Koda zu diesem bewegten, rastlosen Leben. Es beginnt in Rom, wo Liszt am Weihnachtstag 1885 zum letztenmal an die Öffentlichkeit trat. In einem vom Deutschen Künstlerverein veranstalteten Konzert, dem ersten Liszt-Konzert, das in der Ewigen Stadt veranstaltet wurde, spielte er seine *13. Rhapsodie.*

Ende Januar 1886, begleitet von seinem Schüler Bernhard Stavenhagen, reiste Liszt von Rom über Florenz und Venedig, wo er sich mit der Baronin Meyendorff traf, nach Budapest. Dort wurde er durch ein Abschiedskonzert geehrt, in dem einige seiner Schüler mit Lisztschen Werken auftraten. Mitte März reiste er über Wien nach Lüttich, um dort einem sehr erfolgreichen Liszt-Konzert beizuwohnen und gefeiert zu werden. Der Triumphzug setzte sich nach Paris fort, der Stadt, die für Liszt immer die wichtigste geblieben ist. Sicherlich haben das Reisen, die vielen Ehrungen und die damit verbundenen gesellschaftlichen Verpflichtungen die Gesundheit des Fünfundsiebzigjährigen angegriffen, vielleicht sogar sein Leben verkürzt. Sicherlich kostete es ihn viel Willenskraft, alle Erwartungen zu erfüllen. Aber Liszt hat sich bei diesem letzten Aufblitzen ebensowenig geschont wie früher.

Ende März wurde in der Kirche Saint-Eustache die *Graner Messe* aufgeführt, unter Leitung von Édouard Colonne. Trotz sehr hoher Eintrittspreise war das Konzert weit im voraus ausverkauft und mußte einige Tage später wiederholt werden. Colonne und Charles Lamoureux dirigierten weitere drei Konzerte mit Liszts symphonischen Dichtungen. Jedesmal erhielt Liszt Ovationen, und die Presse war durchweg freundlich – im Gegensatz zu den Verrissen von 1866. Der Klavierfabrikant Érard gab eine große Soiree, zu der tout Paris erschien und bei der Liszt zum letztenmal spielte. Wie vor vielen Jahren war Liszt das Stadtgespräch. Von Paris ging es nach London.

Liszts treuer Begleiter Stavenhagen beschreibt die Reise in einem Brief an seinen Vater: «In London sind wir wie die Fürsten empfangen worden. Frau von Munkacsy ist von Paris aus mitgereist, Mr. Lindler (Vertreter von Bechstein) und Mrs. Kingston (Tochter des Chefredakteurs des Daily Telegraph) sind Liszt bis Paris entgegengefahren. In Calais trafen wir Mackenzie (erster Komponist und Dirigent Londons) und Mr. Littleton (Musikverleger). In Dover kamen noch Walter Bache und E. Bach dazu, sodaß unser Salonwagen überfüllt war. Wir wohnen also in einem äußersten Viertel Londons in Sydenham (Westend House) bei Littleton. Am Abend unserer Ankunft war eine große Gesellschaft (350 Personen). Liszt spielte jedoch nicht.»[142]

Alexander Mackenzie dirigierte in der ausverkauften St. James Hall *Die Legende der heiligen Elisabeth*, deren Erfolg so groß war, daß sie eine Woche später wiederholt werden mußte. Weitere Konzerte folgten, und die vielen Besuche (darunter bei der Königin Victoria in Windsor) nahmen Liszts Zeit völlig in Anspruch. Nach einer kurzen Atempause bei Freunden in Antwerpen war er wieder in Paris, wo Colonne die *Elisabeth-Legende* in dem 7000 Personen fassenden Trocadéro dirigierte. Nun mußte der erschöpfte Meister während seiner letzten Pariser Tage das Bett hüten, bevor er nach Weimar zurückkehren konnte.

Von der Hofgärtnerei aus schrieb Liszt an Lina Schmalhausen nach Budapest: *Meine Augenschwäche verschlimmert sich. Ich kann jetzt nicht mehr lesen, und schreibe nur mit Anstrengung selbst meine überflüssigen Noten, wovon ich doch eine ziemliche Anzahl von Seiten vor meinem Ableben fertigbringen möchte ... Schreiben Sie mit großen Lettern und starker roter Tinte. Wenn möglich kommen Sie auf ein paar Wochen nach Bayreuth ... Mehr als halb erblindet schreibt Ihnen diese Zeilen F. L.*[143]

Liszts Gesundheit nahm weiterhin ab. Anfang Juni fuhr er mit der Baronin Meyendorff nach Halle zu einem bekannten Arzt, der Wassersucht und Star konstatierte. Die verordnete Kur sollte gleich nach den

Liszt wird in Paris gefeiert, 1866

Bayreuther Festspielen beginnen. Wider alle Vernunft fuhr Liszt nach Sandershausen zu einem Musikfest des Allgemeinen deutschen Musikvereins, dessen Ehrenpräsident er war. Am 1. Juli war er in Bayreuth, wo er an der Hochzeitsfeier seiner Enkelin Daniela teilnahm. Danach verbrachte er ein paar Wochen auf Schloß Colpach nahe Luxemburg bei dem Maler Mihály Munkácsy.

Auf Drängen seiner Tochter Cosima, die seit Wagners Tod die Bayreuther Festspiele leitete, versprach Liszt, zu den Festspielen zu kommen; dieses Versprechen löste er ein.

Er kam am 21. Juli elend in Bayreuth an und mußte sofort ins Bett. Trotz Fieber und Hustenanfällen stand er jedoch abends auf und nahm an einer Soiree im Wagnerschen Haus Wahnfried teil, wo er die Hauptattraktion für die geladenen Gäste war. Auch am folgenden Tag erfüllte er gesellschaftliche Pflichten und erschien abends im Haus Wahnfried. Am 23. Juli wohnte er der Aufführung von «Parsifal» bei und am 25. Juli der von «Tristan». Danach legte er sich zum Sterben nieder. Am 28. Juli wurde eine schwere Lungenentzündung festgestellt und jeder Besuch verboten. Nicht einmal die gute Adelheid von Schorn, die den Meister früher oft gepflegt hatte und seine Gewohnheiten kannte, wurde eingelassen, geschweige denn Lina Schmalhausen, die bei Wagners persona non grata war. Andere Schüler Liszts, darunter August Göllerich, blieben in Reichweite. Am 31. Juli, nach schrecklichen Schmerzen und Todeskämpfen, kam das Ende.

Über die Einzelheiten und Vorfälle dieser letzten zehn Tage Liszts hat sein Schüler und Sekretär Göllerich ausführlich in seinem Buch «Franz Liszt» geschrieben. Wie viele Liszt-Verehrer ist er darüber empört, daß die Krankheit und der Tod des Meisters so gut wie verschwiegen wurden, damit die Festspiele ihren gewohnten Lauf nehmen konnten. Kapp faßt es folgendermaßen zusammen: «Das Sterbezimmer wurde schwarz ausgeschlagen und zu Liszts Haupt eine Wagnerbüste und silberne Kandelaber aufgestellt. Darauf wurde eine photographische Aufnahme gemacht und im Beisein Joukowskys von Weißbrod die Totenmaske abgenommen. Wenig später erschien der katholische Priester, und es wurde für die Familie und die anwesenden Schüler eine kleine Trauerfeier abgehalten ...

Am 1. August war der deutsche Kronprinz, nachmaliger Kaiser Friedrich III., in Bayreuth eingetroffen. Die Stadt trug Festschmuck. Die Festspiele nahmen ihren Fortgang, auch die Familie Wagner wohnte der Vorstellung am 1. August bei. Ja selbst das große Schlußfest der Mitwirkenden der Festspiele im Restaurant ‹Zum Frohsinn› wurde auch dieses Jahr im Beisein von Frau Wagner begangen. Kein Ton Lisztscher Musik erklang während der ganzen Zeit in Bayreuth. Weihe- und würdelos war Liszts Sterben und Begräbnis in der Wagnerstadt, die doch zum Teil auch ihm ihr Werden verdankte! Neben der Sonne Wagners gab es für ihn keinen Raum. Die Lisztfreunde litten unter den damaligen Zuständen furchtbar.»[144]

In einem ihrer letzten Briefe drückt die Fürstin ihre Empörung über die Bayreuther Haltung aus: «Ich ließ mir die Bayreuther Zeitungen aus

Die Trauerprozession, 1886

der Zeit vom 28. Juli bis 10. August kommen. Denken Sie sich, daß darin nicht ein einziges Mal der Erkrankung Liszts Erwähnung getan ist: wie in einem Badeort, wo man Krankheit und Tod verheimlicht, um bei den Badegästen keine peinlichen Empfindungen wachzurufen. Ich schicke Ihnen die Zeitung vom 2. August, in der man dann ganz unvermittelt – seinen Tod meldet. Dann verheimlicht oder verdunkelt man die Tatsache, daß er Katholik war. Jeder Leser kann meinen, daß er in diesem Atheistennest von irgendeinem freigeistigen protestantischen Pfarrer beerdigt worden sei! ... Aus der Nummer vom 11. August können Sie ersehen, daß die, welche drei Jahre lang ihren eigenen Vater nicht se-

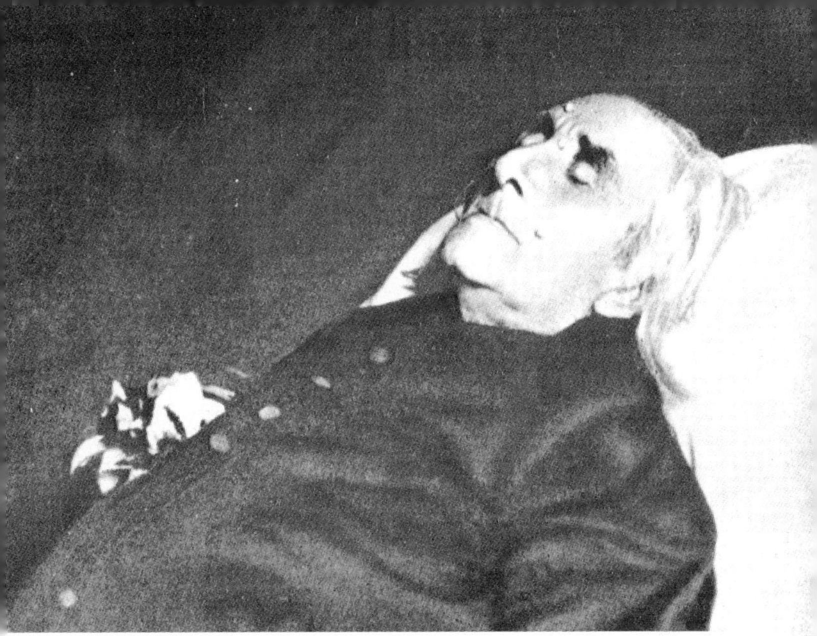

Liszt-Mausoleum in Bayreuth

hen wollte [nach Wagners Tod], zehn Tage später in der Kneipe ‹Zum Frohsinn› weilte! Die beiden letzten Abende war man im Theater, denn die Vorstellungen durften nicht unterbrochen werden, und Cosima spielte so sehr den Regisseur, daß sie Tag und Nacht im Theater blieb.»[145]

Kaum mehr als ein halbes Jahr später starb auch die Fürstin. Kurz zuvor konnte sie ihre monumentale 24 Bände umfassende Arbeit vollenden: «Des causes intérieures de la faiblesse extérieure de l'Église».

Der Weltbürger Liszt wurde auf dem Allgemeinen Friedhof der Provinzstadt Bayreuth beigesetzt – ein letzter Widerspruch in einem widerspruchsvollen Leben. Selbst nach der Bestattung in Bayreuth stritt man darüber, ob Liszts Leiche nicht nach Weimar, Rom oder Budapest überführt werden sollte. Die Fürstin, von Liszt als seine Alleinerbin eingesetzt, unterstützte die Ansprüche der Franziskaner auf des Meisters sterbliche Überreste. Das Weimarer Vorhaben, ein Mausoleum auf der Altenburg zu errichten, lehnte Cosima Wagner ab; sie verlangte: «... die sterbliche Hülle meines Vaters in der Fürstengruft zu bewahren.» Auch den Ungarn forderte Cosima einen von der ungarischen Nation durch ihre Vertretung in beiden Häusern gefaßten Beschluß ab, «das Andenken meines Vaters durch eine feierliche Überführung seiner Leiche von Bayreuth nach Pest zu ehren».

Die Bedingungen Cosimas waren so hoch, daß weder der Weimarer Hof noch die ungarische Regierung darauf eingingen. Mit dem Ableben der Fürstin von Sayn-Wittgenstein nahmen die Streitereien um Liszts endgültige Ruhestätte ihr Ende.

Im Tode wie im Leben ist Liszt ein «Heimatloser» geblieben, das heißt ein Weltbürger, dem aller Nationalismus fremd war und der sich überall zu Hause fühlte. Und doch hätte es sich geziemt, ihn in Paris beizusetzen, denn die geistigen Wurzeln, die ihn sein ganzes Leben hindurch genährt haben, sind dort zu finden. Aber damals haben die wenigsten dies erkannt.

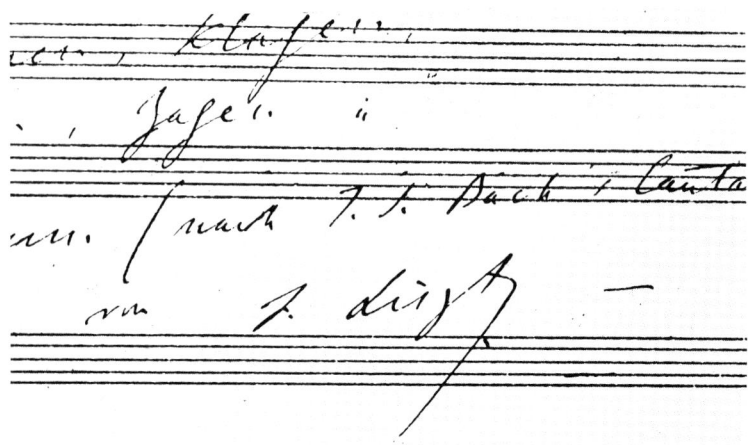

ANMERKUNGEN

1 «Franz Liszts Briefe». Hg. von La Mara. Leipzig 1893–1904. Bd. I, S. 96
2 Julius Kapp: «Franz Liszt». Berlin 1909. S. 10–11
3 Cosima Wagner: «Franz Liszt. Ein Gedenkblatt von seiner Tochter». München 1911. S. 76
4 Lina Ramann: «Franz Liszt». Leipzig 1880–1894. Bd. I, S. 11
5 Ebd. S. 14–15
6 Ebd. S. 16
7 «Franz Liszt. Briefe an Marie Gräfin d'Agoult». Hg. von Daniel Ollivier. Berlin 1933–1935. Bd. I, S. 339
8 Ebd. S. 366
9 Aufsatz von Eduard Hanslick zum 100. Geburtstag von Carl Czerny in: «Wiener Neue Freie Presse», 21. Februar 1891
10 Kapp, a. a. O., S. 17
11 Ebd. S. 18
12 Ebd. S. 25
13 Ebd. S. 28–29
14 Ebd. S. 27
15 Peter Raabe: «Liszts Leben». Stuttgart 1931. S. 13
16 «Franz Liszts Briefe», a. a. O., Bd. I, S. 6
17 Ebd. S. 7
18 Raabe, a. a. O., S. 19–20
19 Robert Bory: «Diverses Lettres inédites de Liszt». In: «Schweizer Jahrbuch für Musikwissenschaft» 1928
20 Ramann, a. a. O., S. 312
21 Ebd. S. 316
22 Ebd. S. 310
23 Ebd. S. 311
24 «Franz Liszt. Briefe an Marie Gräfin d'Agoult», a. a. O., Bd. I, S. 15
25 Ramann, a. a. O., S. 329–330
26 Ebd. S. 327
27 Ebd. S. 328–329
28 Ebd. S. 331
29 «Franz Liszt. Briefe an Marie Gräfin d'Agoult», a. a. O., Bd. I, S. 349
30 Marie d'Agoult: «Meine Freundschaft mit Franz Liszt». S. 59–60
31 Robert Bory: «Franz Liszt und Marie d'Agoult in der Schweiz». S. 65
32 Raabe, a. a. O., S. 36
33 *Gesammelte Schriften*. Leipzig 1880–1883. Bd. II, S. 138
34 Marie d'Agoult, S. 96–97
35 Ebd. S. 166
36 Kapp, a. a. O., S. 59
37 «Franz Liszt. Briefe an Marie Gräfin d'Agoult», a. a. O., Bd. I, S. 208–209
38 Marie d'Agoult, S. 169
39 «Franz Liszt. Briefe an Marie Gräfin d'Agoult», a. a. O., Bd. I, S. 211
40 Ebd. S. 214–215
41 Ernest Newman: «The Man Liszt». London 1934. S. 87
42 Ebd. S. 139
43 «Franz Liszt. Briefe an Marie Gräfin d'Agoult», a. a. O., Bd. I, S. 375
44 Ebd. S. 380
45 Claude Aragonnès: «Marie d'Agoult». Stuttgart 1939. S. 210
46 Ebd. S. 210
47 Ebd. S. 215
48 «Franz Liszts Briefe», a. a. O., Bd. VI, S. 110–111

49 Raabe, a. a. O., S. 51
50 Ebd. S. 12
51 Ebd. S. 71–72
52 Ebd. S. 90
53 Kapp, a. a. O., S. 73
54 Ebd. S. 86
55 Ebd. S. 85
56 Raabe, a. a. O., S. 62
57 Ebd. S. 35–36
58 Kapp, a. a. O., S. 111
59 Ebd. S. 111–112
60 Raabe, a. a. O., S. 59
61 «Die Musik» XI, 1. Heft, S. 29
62 «Correspondance entre Franz Liszt et Charles Alexandre». Hg. von La Mara. S. 7–12
63 Kapp, a. a. O., S. 110
64 Raabe, a. a. O., S. 79
65 Ebd. S. 99
66 «Franz Liszts Briefe an seine Mutter». Hg. von La Mara. Leipzig 1918
67 Émile Haraszti: «Franz Liszt». Paris 1967. S. 140
68 «Franz Liszts Briefe», a. a. O., Bd. IV, S. 24
69 Ebd. S. 59
70 Raabe, a. a. O., S. 153
71 Hans von Bülow: «Briefe und Schriften». Leipzig 1896–1908. Bd. I, S. 235–238
72 «Correspondance entre Franz Liszt et Charles Alexandre», S. 87–93
73 «Franz Liszts Briefe», a. a. O., Bd. III, S. 135
74 Peter Raabe: «Liszts Schaffen». Stuttgart 1931. S. 89
75 «Franz Liszts Briefe», a. a. O., Bd. III, S. 135–136
76 Humphrey Searle: «The Music of Liszt». London 1954. S. 73
77 «Briefe hervorragender Zeitgenossen an Franz Liszt». Hg. von La Mara. Leipzig 1895–1904. Bd. II, S. 136 f
78 Raabe, «Liszts Leben», a. a. O., S. 181
79 «Franz Liszts Briefe», a. a. O., Bd. IV, S. 58
80 Raabe, a. a. O., S. 255
81 «Franz Liszts Briefe», a. a. O., Bd. IV, S. 110
82 Ebd. S. 115
83 Ebd. S. 75
84 Ebd. S. 149
85 Ebd. S. 126
86 Julius Kapp: «Das Dreigestirn Berlioz–Liszt–Wagner». Berlin 1919. S. 135
87 Raabe, a. a. O., S. 146
88 Ebd. S. 147–148
89 Adelheid von Schorn: «Zwei Menschenalter». Berlin 1901. S. 349
90 Raabe, «Liszts Schaffen», a. a. O., S. 165
91 «Franz Liszts Briefe», a. a. O., Bd. IV, S. 105
92 Raabe, a. a. O., S. 176–177
93 Peter Cornelius: «Literarische Werke». Leipzig 1904. Bd. I, S. 186 f
94 *Gesammelte Schriften*, a. a. O., Bd. III, S. 52
95 Ebd. Bd. VI, S. 293 f
96 «Briefwechsel zwischen Wagner und Liszt». Leipzig 1919. S. 9
97 Kapp, a. a. O., S. 121
98 Ebd. S. 120–121
99 Alfred Einstein: «Größe in der Musik». S. 100

100 «Briefwechsel zwischen Wagner und Liszt», a. a. O., S. 48
101 Ebd. S. 54
102 Raabe, «Liszts Leben», a. a. O., S. 7
103 «Briefwechsel zwischen Wagner und Liszt», a. a. O., S. 154
104 «Franz Liszts Briefe», a. a. O., Bd. IV, S. 140
105 Raabe, a. a. O., S. 161
106 Ebd. S. 175
107 Julius Kapp: «Richard Wagner und Franz Liszt». Berlin 1908. S. 73
108 «Briefwechsel zwischen Wagner und Liszt», a. a. O., S. 154
109 Ebd. S. 95
110 Ebd. S. 114
111 Richard Wagner: «Briefe an Hans von Bülow». Jena 1916. S. 126 f
112 «Briefwechsel zwischen Wagner und Liszt», a. a. O., S. 324–328
113 «Franz Liszts Briefe», a. a. O., Bd. V, S. 209
114 Raabe, a. a. O., S. 197
115 Schorn, a. a. O., S. 82–83
116 Raabe, a. a. O., S. 199
117 Haraszti, a. a. O., S. 181
118 «Franz Liszts Briefe», a. a. O., Bd. II, S. 250–251
119 *Gesammelte Schriften*, a. a. O., Bd. V, S. 194
120 Haraszti, a. a. O., S. 212–213
121 Raabe, a. a. O., S. 209
122 Kurd von Schlözer: «Römische Briefe». Berlin 1924. S. 187
123 Newman, a. a. O., S. 224–225
124 Schorn, a. a. O., S. 311, 191, 192
125 Newman, a. a. O., S. 251
126 Ebd. S. 253–269
127 «Franz Liszts Briefe», a. a. O., Bd. VI, S. 299
128 Ebd. Bd. VI, S. 316
129 Ebd. Bd. II, S. 28
130 Haraszti, a. a. O., S. 262
131 «Franz Liszts Briefe», a. a. O., Bd. VII, S. 131
132 Raabe, a. a. O., S. 216
133 Ebd. S. 222
134 Schorn, a. a. O., S. 217
135 Raabe, a. a. O., S. 222
136 Ebd. S. 224
137 August Stradal: «Erinnerungen an Franz Liszt». Bern 1929. S. 168
138 Eduard Hanslick: «Concerte, Componisten und Virtuosen». Berlin 1886. S. 241–244
139 Kapp, «Franz Liszt», a. a. O., S. 277
140 Ebd. S. 282
141 Ebd. S. 273
142 Ebd. S. 291
143 Ebd. S. 292
144 Ebd. S. 297
145 Ebd. S. 297

ZEITTAFEL

1811   22. Oktober: Geboren in Raiding im ungarischen Komitat Sopron (Ödenburg) als Sohn eines Beamten im Dienste des Fürsten Esterházy

1818   Erste Klavierstunden bei seinem Vater, einem begabten Musikamateur

1819   Erste Kompositionsversuche

1820   Erstes öffentliches Auftreten als Pianist in Ödenburg, dann in Preßburg. Einige ungarische Magnaten garantieren ein Stipendium für die kommenden Jahre

1821   Die Familie Liszt übersiedelt nach Wien. Unterricht bei Carl Czerny und Antonio Salieri

1822   Erstes öffentliches Auftreten in Wien

1823   Weitere öffentliche und private Konzerte in Wien. Im Herbst zieht die Familie Liszt nach Paris. Kompositionsunterricht bei Ferdinando Paer

1824   Konzertiert, immer mit triumphalem Erfolg, in den französischen Provinzen und in England. Im Herbst wird Liszts einzige Oper *Don Sancho* in Paris uraufgeführt

1826   Zweite Tournee durch die französischen Provinzen. Studiert Kontrapunkt bei Antonín Reicha. Erste bedeutende Komposition: *Études en douze exercises*

1827   Dritte England-Reise. Danach Erholungsaufenthalt in Boulogne-sur-Mer wegen völliger Erschöpfung. Religiöse Krise. In Boulogne-sur-Mer stirbt Liszts Vater. Liszt kehrt nach Paris zurück und fängt an, Klavierstunden zu geben

1828   Liszt verliebt sich in seine Schülerin Caroline de Saint-Cricq. Doch deren Vater, der französische Minister des Innern Comte de Saint-Cricq, widersetzt sich der Verbindung. Erneute religiöse Krise. Liszt erkrankt und verläßt monatelang sein Zimmer nicht

1829   Allmähliche Genesung und Rückkehr in das normale Leben

1830   Liszt liest pausen- und wahllos, um seine lückenhafte Bildung auszugleichen. Er verkehrt mit der Pariser Intelligenz. Seine wachsenden religiösen Zweifel führen ihn zu den Saint-Simonisten. Im Dezember lernt er Hector Berlioz kennen und hört dessen «Symphonie fantastique»

1831   Liszt hört Niccolò Paganini, dessen virtuoses Spiel auf ihn einen überwältigenden Eindruck macht. Liszt nimmt sich vor, eine entsprechende Klaviertechnik zu erarbeiten

1832   Freundschaft mit Frédéric Chopin. Liebling der Pariser Gesellschaft

1833   Spielt in zwei von Berlioz veranstalteten Konzerten in Paris. Trauzeuge bei der Hochzeit von Berlioz mit Harriet Smithson. Religiöse Gespräche mit dem Abbé Lamennais. Überträgt Orchesterwerke von Berlioz für das Klavier

1834   Bekanntschaft mit George Sand. Beginn der Liebesaffäre mit der Gräfin Marie d'Agoult

1835   Marie d'Agoult verläßt ihren Mann und ihre Familie, um mit Liszt in der Schweiz zusammen zu leben. Im Dezember wird Blandine, ihre erste Tochter mit Liszt, in Genf geboren. Dort verkehrt das Paar mit einer kleinen Gruppe von Freunden. Zusammen verfassen sie eine Reihe von Artikeln, die in Paris erscheinen

1836   Liszt gibt Klavierunterricht am Genfer Konservatorium. Im Frühjahr reist er kurz nach Paris, um zu demonstrieren, daß er dem

	Klaviervirtuosen Sigismund Thalberg überlegen ist. Ende des Jahres kehrt er mit der Gräfin abermals für einen längeren Aufenthalt nach Paris zurück
1837	Liszt spielt in verschiedenen Konzerten in Paris. Mai bis August: Besuch Liszts und der Gräfin bei George Sand in Nohant. Im September reist das Paar nach Italien. In Bellaggio am Comer See wird ihre zweite Tochter Cosima geboren. In Mailand ist Liszt oft mit Gioacchino Rossini zusammen. In diesen Jahren (1836–39) schreibt Liszt viele Opern-Paraphrasen und Transkriptionen wie auch Originalwerke für Klavier
1838	Im März Aufenthalt in Venedig. Überschwemmung in Ungarn. Liszt reist allein nach Wien, wo er mit unerhörtem Erfolg in Wohltätigkeitskonzerten für die Leidtragenden in Ungarn auftritt. Unstimmigkeiten zwischen Liszt und der Gräfin, die sich schon früher angezeigt haben, nehmen zu. Sommer in Lugano, dann Konzerte in verschiedenen italienischen Städten
1839	Januar bis Juni in Rom, wo Liszt konzertiert. Dort wird der Sohn Daniel geboren. Sommer in Lucca und San Rossore. Trennung von der Gräfin, die mit den Kindern nach Paris zurückkehrt, während Liszt zum erstenmal seit 1821 nach Ungarn reist. Unterwegs gibt er – wieder mit großem Erfolg – sechs Konzerte in Wien
1840	In Budapest wird Liszt wie ein Fürst empfangen; ihm wird der Ehrensäbel überreicht, was ihm viel Spott einträgt. Konzerte auch in anderen ungarischen Städten. Danach in Wien, Prag, Dresden, Leipzig, Metz, Paris, London, Brüssel, Frankfurt, Mainz, Bonn. Sommer und Spätherbst in England; dazwischen sechs Konzerte in Hamburg
1842	Lisztomanie in Berlin, wo Liszt mehrmals auftritt. Fortsetzung seiner Virtuosenkarriere. Verbringt die Sommerferien auf Nonnenwerth. Ab November: Hofkapellmeister in außerordentlichen Diensten in Weimar
1843	Große Konzertreise: Berlin, Breslau, Warschau, Krakau, St. Petersburg, Moskau, Hamburg, Nürnberg, München, Stuttgart, Karlsruhe, Mannheim, Heidelberg, Hechingen. Letzte Sommerferien mit der Gräfin d'Agoult und den Kindern auf Nonnenwerth
1844	Liszt dirigiert seine ersten Weimarer Konzerte. Ab März Fortsetzung der Konzertengagements in Deutschland, Frankreich, der Schweiz, Spanien, Portugal. Endgültige Trennung Liszts von Marie d'Agoult
1845	Konzerte in Spanien, Portugal, Deutschland, Frankreich und der Schweiz. Joseph Raff wird vorübergehend sein Sekretär. Im August aktive Teilnahme am Beethoven-Fest in Bonn und Köln
1846	Konzerte in Frankreich, Frankfurt, Wien (neun Konzerte), Brünn, Prag und anderen Städten. Die Gräfin d'Agoult veröffentlicht ihren Roman «Nélida»
1847	Tournee durch die Donauländer und die Ukraine. Im Februar erste Begegnung in Kiew mit der Fürstin Carolyne von Sayn-Wittgenstein, die er danach auf ihrem Gut in Woronince besucht. Letztes Konzert in Elisabethgrad, danach längerer Aufenthalt in Woronince
1848	Liszt tritt sein Amt als ordentlicher Kapellmeister in Weimar an; als erste Oper dirigiert er Friedrich von Flotows «Martha». Die Fürstin von Sayn-Wittgenstein verläßt ihren Mann und läßt sich mit ihrer Tochter in Weimar nieder, wo sie die Altenburg bewoh-

	nen. Liszt besucht Wagner in Dresden, und dieser erwidert den Besuch in Weimar
1849	Liszt setzt sich stark für die moderne Musik ein. Er dirigiert in Weimar Wagners «Tannhäuser» und Schumanns «Faust II». Das Scheidungsgesuch der Fürstin wird von Zar Nikolaus I. abgeschlagen. Wagner verbringt zwei Tage bei Liszt auf der Flucht aus Dresden. Uraufführung der symphonischen Dichtung *Tasso*. Im Herbst längerer Aufenthalt mit der Fürstin in Bad Eilsen
1850	Raff kommt nach Weimar. Uraufführung der *Bergsymphonie* (*Ce qu'on entend sur la montagne*) und *Prometheus*. Liszt dirigiert die Uraufführung (28. August) von Wagners «Lohengrin». Herbst: Liszt mit der Fürstin in Bad Eilsen. Hans von Bülow zieht nach Weimar und wird zu einem der ersten unter den Jüngern Liszts
1852	Liszt dirigiert Berlioz' «Benvenuto Cellini», Wagners «Faust-Ouvertüre», Schumanns «Manfred» und andere moderne Werke in Weimar. Im Herbst: Berlioz-Woche in Gegenwart des Komponisten
1853–1855	Kapellmeister- und Kompositions-Tätigkeit in Weimar. Reisen nach Holland, Belgien, Frankreich und in die Schweiz
1856	Uraufführung der *Graner Messe* und *Hungaria*. Reisen nach Wien, Gran, Budapest und Prag
1857	Uraufführung des *Klavierkonzerts in A-Dur*, der *Klaviersonate* (Pianist: Bülow), des *Festvorspiels*, der *Faust-* und *Dante-Symphonien*, der symphonischen Dichtungen *Die Ideale*, *Héroïde funèbre* und *Hunnenschlacht*. Liszt dirigiert in Weimar, Leipzig und Aachen
1858	Liszt dirigiert Konzerte seiner Werke in Budapest. Nach der mit Zischen aufgenommenen Uraufführung von Cornelius' «Barbier von Bagdad» legt er sein Kapellmeisteramt in Weimar nieder
1859	Uraufführungen von *Huldigungsmarsch*, *Vor hundert Jahren* und *Die Beatituden*. Der Sohn Daniel stirbt in Berlin
1860	Die Fürstin verläßt Weimar und läßt sich in Rom nieder, um ihre Scheidungsangelegenheit durchzusetzen. Liszt wird zum Officier de la Légion d'Honneur ernannt. *Te Deum* wird uraufgeführt
1861	Uraufführung von *Psalm 18*. Liszt verläßt Weimar. Er fährt nach Berlin und Paris, dann nach Rom. Die vorgesehene Hochzeit mit der Fürstin findet nicht statt. Liszt läßt sich in Rom nieder
1862	Liszts Tochter Blandine Ollivier stirbt
1862–1863	Komposition geistlicher Musik. Liszt verkehrt in der hohen römischen Gesellschaft
1864	Liszt spielt in Rom und für den Papst in Castel Gandolfo. Im Herbst Reise nach Deutschland und Paris
1865	Liszt empfängt die niedrigen Weihen. Im August dirigiert er in Budapest die Uraufführung von *Die Legende der heiligen Elisabeth*
1866	Liszts Mutter stirbt in Paris. In Paris endgültiger Bruch mit Marie d'Agoult
1867	Liszt fährt zur Uraufführung seiner *Ungarischen Krönungsmesse* nach Budapest und kehrt dann nach Rom zurück
1869	Liszt verbringt wieder einen Teil des Jahres in Weimar, wo ihm Zimmer in der Hofgärtnerei zur Verfügung gestellt werden (und wo er Unterricht erteilt und Besucher aus aller Welt empfängt)
1870	Liszts Tochter Cosima heiratet in zweiter Ehe Richard Wagner
1871	Liszt wird zum ungarischen Hofrat ernannt. Künftig teilt er seine Zeit hauptsächlich zwischen Rom, Weimar und Budapest
1872	Liszt besucht Bayreuth zum erstenmal. Seine seit Jahren gespannten Beziehungen zu Cosima und Richard Wagner verbessern sich

1873	Uraufführung des Oratoriums *Christus* unter Liszt in Weimar
1875	Liszt wohnt den Festspielproben in Bayreuth bei. Er wird zum Präsidenten der neugegründeten Musikakademie in Budapest ernannt
1876	Marie d'Agoult stirbt. Liszt besucht die Bayreuther Festspiele
1877	Uraufführung von *Triomphe funèbre du Tasse*. Liszt spielt in einem Beethoven-Gedenkkonzert in Wien
1878–1880	Wie bisher: Budapest, Weimar, Rom; kurze Besuche in Paris, Wien, Italien, Bayreuth und anderen deutschen Städten
1881	Liszt stürzt auf der Treppe seiner Weimarer Wohnung
1882	Wien, Budapest, Weimar, Belgien, Freiburg, Baden-Baden, Zürich, Bayreuth (Uraufführung von Wagners «Parsifal») und Venedig, wo er Wagner, Cosima und deren Kinder besucht
1883	Wagner stirbt. Liszt dirigiert ein Gedächtniskonzert in Weimar und und bleibt bis Jahresende dort
1884–1885	Viele Reisen, um Aufführungen eigener Werke beizuwohnen
1886	Im Januar fährt Liszt von Rom über Florenz und Venedig nach Budapest. Im März in Liège und Paris. Im April besucht er England zum erstenmal seit 1841. Über Antwerpen und Paris kehrt er erschöpft nach Weimar zurück. Am 21. Juli kommt er krank in Bayreuth an und stirbt dort nach schwerem Leiden am 31. Juli

ZEUGNISSE

ROBERT SCHUMANN

Die schönen hellen Räume, der Kerzenglanz, die geschmückte Versammlung, dies alles erhöht die Stimmung des Gebenden wie des Empfangenden. Nun rührte der Dämon seine Kräfte; als ob er das Publikum prüfen wollte, spielte er erst gleichsam mit ihm, gab ihm dann Tiefsinnigeres zu hören, bis er mit seiner Kunst gleichsam jeden einzeln umsponnen hatte und nun das Ganze hob und schob, wie er eben wollte. Diese Kraft, ein Publikum sich zu unterjochen, es zu heben, tragen und fallen zu lassen, mag wohl bei keinem Künstler, Paganini ausgenommen, in so hohem Grad anzutreffen sein ... Am schwierigsten aber läßt sich über diese Kunst selbst sprechen. Es ist nicht mehr Klavierspiel dieser oder jener Art, sondern Aussprache eines kühnen Charakters überhaupt, dem, zu herrschen, zu siegen, das Geschick einmal statt gefährlichen Werkzeugs das friedliche der Kunst zugeteilt.

Aus: «Komponisten über Musik»

PETER CORNELIUS

Sowie der Bedeutendsten, so auch der Mutigsten einer unter den Künstlern unserer Tage ist Franz Liszt. Vom ersten Tage seiner öffentlichen Laufbahn an brachte Liszt nicht nur die besondere Befähigung mit in die Schranken, sondern auch den moralischen Mut, die künstlerische Überzeugung und das Einstehen für sie vor aller Welt. Es gehörte Mut dazu, die großen Sonaten von Beethoven in die Konzertprogramme aufzunehmen zu einer Zeit, wo diese Werke noch bei einer sehr überwiegenden Majorität wirklicher Musikkenner – der damaligen Schwätzer nicht zu gedenken – für verrückt und hirnverbrannt gehalten wurden. Es gehörte Mut dazu, die Tanzszene von Berlioz zu spielen, von dem eine Autorität wie Rossini gesagt hatte, daß dieser junge Mann alles mache, nur keine Musik. Es gehörte Mut dazu, das Konzertstück von Weber einem klassisch gesinnten Pariser Publikum vorzuführen, das durchaus nichts von einem Mr. Weber wußte. Wir brauchen es nicht aufzuzählen: es gehörte Mut zu «Tannhäuser» und «Lohengrin», Mut zum «Benvenuto Cellini», Mut und Begeisterung zu all den reichen und kühnen künstlerischen Taten, bei deren Ausführung Liszt wie kaum ein anderer mit Hohn und Verkennung zu ringen hatte. Es gehörte endlich der entschiedenste Mut der Seele dazu, von dem Thron des allbewunderten Virtuosen herabzusteigen und im Ringen nach hohen geistigen Zielen Studien vor den Augen eines Publikums zu machen, das sich so ungern in seiner Bequemlichkeit gestört sah, Liszt ein für allemal als virtuos bewundert und abgetan zu haben, und ihn noch einmal als Tondichter von Anfang an studieren sollte.

Aufsatz für den Almanach des Allgemeinen Deutschen Musikvereins, 1. Jg. 1868

Eduard Hanslick

Wir haben seit fünfundzwanzig Jahren fast alle symphonischen Dichtungen Liszts in Wien gehört ... Sie alle hängen sich an den Rockschoß eines berühmten Dichters (Dante, Shakespeare, Goethe, Byron) oder Malers (Kaulbach) und lassen sich, musikalisch selber flügellahm, von jenen weiterschleppen: das ist die Methode; den Mangel an musikalischer Gestaltungskraft, an großen, von innen heraus bewegten und bewegenden Ideen maskiren sie mit blendenden Effecten und allerlei genialisirendem Getriebe: das ist der Styl.
«*Concerte, Componisten und Virtuosen*». *September 1885*

Ernest Newman

... Er war kein einfacher Heiliger, sondern ein außerordentlich komplexes menschliches Wesen, das während seines ganzen Lebens zwischen seinen religiösen Instinkten und dringlichen Begehren des Fleisches hin und her gerissen wurde; ein Mann mit einem unzweifelhaften Hang zur Ritterlichkeit, aber auch ein Mann, dem das Spielen einer Rolle zur zweiten Natur geworden war und der sich selbst viel mehr dramatisierte, als all seine Biographen es für ihn getan haben, und der, in seinem öffentlichen Leben wie in seinen Briefen, bewußt an der Entstehung seiner eigenen, edlen Legende gearbeitet hat.
«*The Man Liszt*». *1934*

Maurice Ravel

Welche Mängel in Liszts ganzem Werk sind uns denn so wichtig? Sind nicht genügend Stärken in dem tumultuösen, siedenden, ungeheuren und großartigen Chaos musikalischer Materie, aus dem mehrere Generationen berühmter Komponisten schöpften? Um aufrichtig zu sein: in hohem Grade verdankt Wagner gerade diesen Mängeln seine deklamatorische Vehemenz, Strauss seinen Über-Enthusiasmus, Franck seine weitschweifige Erhabenheit, die russische Schule das bisweilen Grell-Pittoreske, die zeitgenössische französische Schule die ungemeine Koketterie ihrer harmonischen Anmut. Aber verdanken diese einander so unähnlichen Autoren nicht gerade das Beste ihrer Qualitäten der wahrhaft überreichen musikalischen Freigebigkeit ihres großen Vorläufers?
Aus einer Konzertbesprechung. 1912

Alfred Einstein

Franz Liszt war ein geborener Revolutionär, und wäre es vereinbar mit dem Respekt vor seiner großartigen Persönlichkeit, so möchte man sagen, er war ein geborener Libertin, ein geborener Bohemien ... Seine seltsame Laufbahn und geistige Entwicklung haben es mit sich gebracht, daß unter allen romantischen Musikern er der unabhängigste und ungebundenste gewesen ist ... In der Tat ist ja kein Musiker der Romantik so «weltläufig» gewesen wie Liszt, hat die Triumphe des Virtuosentums so ausgekostet wie er, ist mit allen geistigen Strömungen seiner Zeit in so unmittelbare Berührung geraten und ist dabei im Innersten so einsam und heimatlos geblieben.

«Die Romantik in der Musik». 1950

BÉLA BARTÓK

Wenn wir Liszt als Komponisten mit seinen Vorgängern und Zeitgenossen vergleichen, dann finden wir in seinen Werken Merkmale, die wir anderswo vergeblich suchen. Wir stellen fest, daß unter allen größeren Komponisten seiner und der vorhergehenden Zeit kein einziger war, auf den so viele verschiedene Einflüsse einwirkten ... Liszt ging niemals von irgendeinem einzigen Punkt aus, noch verschmolz er mehrere einander verwandte Dinge in seinen Werken; er gab sich dem Einfluß der verschiedenartigsten, widersprüchlichsten und fast unversöhnlichsten Elemente hin ... Das Wesen seiner Werke müssen wir in den neuen Ideen finden, denen Liszt als erster Ausdruck verlieh, und in dem kühnen Vordringen in die Zukunft. Diese Dinge erheben Liszt als Komponisten in die Reihen der Großen, und um ihretwillen lieben wir seine Werke, wie sie sind, ohne Rücksicht auf ihre Schwächen.

Aus der Rede «Liszt-Probleme», die Bartók hielt,
als er 1934 zum Mitglied der Ungarischen Akademie
der Wissenschaften gewählt wurde

VERZEICHNIS DER HAUPTWERKE

ORCHESTERWERKE

Dreizehn symphonische Dichtungen. Reihenfolge: Uraufführungen der ersten Version
1. *Tasso. Lamento e Trionfo* (1849)
2. *Ce qu'on entend sur la montagne* (1850)
3. *Prometheus* (1850)
4. *Orpheus* (1854)
5. *Mazeppa* (1854)
6. *Les Préludes* (1854)
7. *Festklänge* (1854)
8. *Hungaria* (1856)
9. *Die Ideale* (1857)
10. *Héroïde funèbre* (1857)
11. *Hunnenschlacht* (1857)
12. *Hamlet* (1858)
13. *Von der Wiege bis zum Grabe* (entstanden 1881/82)

Faust-Symphonie in drei Charakterbildern (1857) für Chor und Orchester
Symphonie zu Dantes Divina Commedia (1857), mit Frauenchor
Zwei Episoden aus Lenaus Faust [Nr. 2 ist der sogen. *Mephisto-Walzer*] (1861)
Trois Odes funèbres (entstanden 1860)

KLAVIER UND ORCHESTER

Grande Fantaisie symphonique über Themen aus Berlioz' «Lélio» (1834)
Phantasie über Motive aus Beethovens «Ruinen von Athen» (zwischen 1848 und 1852)
I. *Konzert in Es-Dur* (1849)
II. *Konzert in A-Dur* (1839, Umarbeitungen bis 1861)
Totentanz, Paraphrase über «Dies irae» (1849)
Bearbeitungen der «14. Ungarischen Rhapsodie», Schuberts «Wanderer-Phantasie» und Webers «Polacca brillante»

KLAVIERWERKE

Étude pour le Pianoforte en quarante-huit Exercices (nur zwölf Etüden erschienen; 1826, umgearbeitet 1838 und als *Études d'exécution transcendante* 1851)
Scherzo (1827)
Grande Fantaisie de Bravoure sur la Clochette de Paganini (1832)
Apparitions (1834)
Années de Pèlerinage: Première Année: Suisse (neun Stücke, zwischen 1848 und 1853 aus Stücken des *Album d'un voyageur* von 1835/36 umgestaltet); *Deuxième Année: Italie* (sieben Stücke, darunter die *Dante-Sonate*, entstanden ab 1835, zusammen veröffentlicht 1858); *Troisième Année* (sieben Stücke, 1867–77)
Grand Galop chromatique (1838)
Harmonies poétiques et religieuses (zehn Stücke, 1845–52)
3 Études de Concert (1848)
Großes Konzertsolo (1848)
Consolations (1849)
I. *Ballade in Des-Dur* (1848); II. *Ballade in h-Moll* (1853)
Scherzo und Marsch (1851)

Sonate in h-Moll (1853)
Weinen, Klagen, Sorgen, Zagen. Präludium nach J. S. Bach (1859)
2 Legenden (1862)
2 Konzertetüden (1863)
2 Elegien (1874–77)
19 Ungarische Rhapsodien (erschienen ab 1851)

ORGELWERKE

Phantasie und Fuge über den Choral (aus Meyerbeers Oper «Der Prophet») «*Ad nos, ad salutarem undam*» (1850)
Präludium und Fuge über den Namen BACH (1855; 2. Fassung 1870)
Variationen über den chromatischen Bass von J. S. Bachs Kantate «Weinen, klagen» (1863)

VOKALWERKE

Oper: *Don Sancho ou le Château d'Amour* (1825)
Oratorien: *Die Legende der heiligen Elisabeth* (1862)
  Christus (1872)
Missa solemnis zur Einweihung der Basilika in Gran (am 31. August 1856) für 4 Solostimmen, Chor und Orchester
Messe für vierstimmigen Männerchor und Orgel (1848; 2. Fassung 1869)
Missa Choralis für vierstimmigen gemischten Chor und Orgel (1865)
Ungarische Krönungsmesse für 3 Solostimmen, gemischten Chor und Orchester (1867)
Requiem für 4 Solostimmen, vierstimmigen Männerchor, Orgel und Blechbläser (1868)
13., 18., 23., 129., 137. Psalm in verschiedenen Besetzungen für Solostimmen, Chor, Instrumente und Orgel (1855–81)
Sonnenhymnus des heiligen Franziskus von Assisi für Bariton, Männerchor, Orgel und Orchester (1862; neue Fassung 1881)
Legende der heiligen Cäcilia für Mezzo-Sopran, gemischten Chor und Orchester (1874)
Chöre zu Herders «Entfesseltem Prometheus» (1850; 2. Fassung 1855) *für 6 Solostimmen, gemischten Chor und Orchester*
An die Künstler, für Solostimmen, Männerchor und Orchester (1853)
82 Lieder (u. a. auf Texte von Goethe, Heine, Hugo) darunter: *Oh, quand je dors; Tre Sonetti di Petrarca; Die drei Zigeuner; Nonnenwerth; Hohe Liebe; Gestorben war ich; O lieb, so lang du lieben kannst*

TRANSKRIPTIONEN

Opernfantasien über Mozarts «Don Giovanni» (1841) und Verdis «Rigoletto» (1851) und Opern R. Wagners
Übertragungen von Liedern Schuberts (ab 1835)
Klavierbearbeitung der «Symphonie fantastique» von Berlioz (1833) und viele andere mehr

BIBLIOGRAPHIE

1. Originalquellen

Franz Liszts Briefe. Hg. von LA MARA. 8 Bde. Leipzig 1893–1904
Franz Liszts Briefe an Baron Anton Augusz 1846–78. Hg. von WILHELM VON CSAPO. Budapest 1911
Franz Liszts Briefe an seine Mutter. Aus dem Französischen übertr. und hg. von LA MARA. Leipzig 1918
Franz Liszts Briefe an Carl Gille. Hg. von ADOLF STERN. Leipzig 1903
Briefwechsel zwischen Franz Liszt und Carl Alexander, Großherzog von Sachsen. Hg. von LA MARA. Leipzig 1909
Briefwechsel zwischen Wagner und Liszt. Leipzig 1919
Briefwechsel zwischen Franz Liszt und Hans von Bülow. Hg. von LA MARA. Leipzig 1898
Franz Liszts Briefe an den Fürsten Felix Lichnowsky. In: Bayreuther Blätter 1907, 1.–3. Stück
Franz Liszt und Joachim Raff im Spiegel ihrer Briefe. Mitgeteilt von HELENE RAFF. In: Die Musik, 1. Jg.
Gesammelte Schriften von Franz Liszt. 6 Bde. Leipzig 1880–1883
Briefe hervorragender Zeitgenossen an Franz Liszt. Hg. von LA MARA. 3 Bde. Leipzig 1895–1904
Franz Liszts Briefe aus ungarischen Sammlungen 1835–1886. Gesammelt und erläutert von MARGIT PRAHÁCS. Kassel 1966
Correspondance de Liszt et de sa fille Madame Émile Ollivier 1842–1862. Publiée par DANIEL OLLIVIER. Paris 1936
Franz Liszt. Briefe an Marie Gräfin d'Agoult. Hg. von DANIEL OLLIVIER. 2 Bde. Berlin 1933–1935

D'AGOULT, MARIE: Memoiren. 2 Bde. Dresden 1928
  [«Daniel Stern»:] Nélida. Roman. Paris 1846
BERLIOZ, HECTOR: Literarische Werke. Erste Gesamtausgabe. 10 Bde. Leipzig 1903–1921
BÜLOW, HANS VON: Briefe und Schriften. Hg. von MARIE VON BÜLOW. 8 Bde. Leipzig 1896–1908
CORNELIUS, PETER: Literarische Werke. Leipzig 1904
  Ausgewählte Briefe. 2 Bde. Leipzig 1904–1905
OLLIVIER, DANIEL: Autour de Mme. d'Agoult et de Liszt. (Alfred de Vigny, Émile Ollivier, Princesse de Belgiojoso.) Paris 1941
WAGNER, RICHARD: Briefe an Hans von Bülow. Jena 1916
  Mein Leben. 2 Bde. München 1911

2. Schriften von Zeitgenossen Liszts: Erinnerungen, Berichte usw.

BERNHARDI, THEODOR VON: Aus dem Leben Theodor von Bernhardis. 9 Bde. Leipzig 1893–1896
BOISSIER, AUGUSTE: Franz Liszt als Lehrer. Berlin 1930
FAY, AMY: Musikstudien in Deutschland. Berlin 1882
GÖLLERICH, AUGUST: Franz Liszt. Berlin 1908
GREGOROVIUS, FERDINAND: Römische Tagebücher. Stuttgart 1892
HANSLICK, EDUARD: Concerte, Componisten und Virtuosen, 1870–1885. Berlin 1886

JANINA, OLGA [«Robert Franz»]: Souvenirs d'une Cosaque. Paris 1874
LACHMUND, KARL VON: Mein Leben mit Franz Liszt. Eschwege 1970
LA MARA: An der Schwelle des Jenseits. Letzte Erinnerungen an die Fürstin Carolyne Wittgenstein. Leipzig 1925
Aphoristisches von Franz Liszt. Aus Gesprächen auf der Altenburg gesammelt von M. W. [Marie Prinzessin von Wittgenstein]. In: Die Neue Rundschau (Berlin), April 1912
Classisches und Romantisches aus der Tonwelt. Leipzig 1892
Liszt und die Frauen. Leipzig 1919
Aus der Glanzzeit der Weimarer Altenburg. Leipzig 1906
LEHMANN, RUDOLF: Erinnerungen eines Künstlers. Berlin 1896
RELLSTAB, LUDWIG: Franz Liszt. Berlin 1842
SAND, GEORGE: Journal intime [posthume]. Paris 1926
SCHLÖZER, KURD VON: Römische Briefe, 1864–1869. Berlin 1924
SCHORN, ADELHEID VON: Das nachklassische Weimar. 2 Bde. Weimar 1911–1912
Zwei Menschenalter. Erinnerungen und Briefe. Berlin 1901
STRADAL, AUGUST: Erinnerungen an Franz Liszt. Bern 1929
WAGNER, COSIMA: Franz Liszt. Ein Gedenkblatt von seiner Tochter. München 1911
WEISSHEIMER, WENDOLIN: Erlebnisse mit Wagner, Liszt und vielen anderen Zeitgenossen. Stuttgart 1898

3. Bücher und Aufsätze über Liszt und sein Werk (Auswahl)

Die Liszt-Literatur ist fast unübersehbar; sie umfaßt an die sechstausend große und kleinere Schriften. Folgende enge Auswahl schließt die wichtigsten Schriften ein. Aus den Darstellungen der vorliegenden Monographie geht hervor, daß der inhaltliche und geschichtliche Wert einiger Schriften sehr zweifelhaft ist. Doch müssen auch solche (wie z. B. die Ramannsche Biographie) in Betracht gezogen werden, da sie in verschiedenen Graden das heutige Liszt-Bild beeinflußt haben.

BARTÓK, BÉLA: Liszt-problemak. Budapest 1936 – Dt.: Liszt und Ungarn. In: Musica (Kassel), 1953
Bericht über die zweite internationale Musikwissenschaftliche Konferenz Liszt–Bartók. Budapest 1963
BERTHOUD, DORETTE: Davila – fils de Liszt? Neuchâtel 1956
BORY, ROBERT: Une retraite romantique en Suisse. Liszt et la Comtesse d'Agoult. Paris 1930
Liszt et ses enfants Blandine, Cosima, Daniel. D'après une correspondance inédite avec la Princesse Marie Sayn-Wittgenstein. Paris o. J.
CALVOCORESSI, M.-D.: Franz Liszt. Paris 1905
CHANTAVOINE, JEAN: Liszt. Paris 1927
CORDER, FREDERICK: Ferencz (François) Liszt. London 1925
HANKISS, JÁNOS: Wenn Liszt ein Tagebuch geführt hätte ... Budapest 1966 [Ein anachronistisches Kuriosum; der Autor stützt sich vorwiegend auf Lina Ramann und gibt es zu (S. 181).]
HARASZTI, ÉMILE: Franz Liszt. Paris 1967
Liszt à Paris. Quelques documents inédits. In: La Revue musicale, Avril, Juillet 1936
Le problème Liszt. In: Acta musicològica, 1937, 1938
Franz Liszt. Author despite himself. In: The Musical Quarterly, October 1947

Un romantique déguisé en tzigane. In: Revue belge de musique, 1953
Trois faux documents sur Liszt: Franck, Moussorgsky, Schumann. In: Revue de musicologie, 1958
HERWEGH, MARCEL: Au printemps des Dieux. Paris 1929
HUNEKER, JAMES: Franz Liszt. London 1911
JACOBS, EMIL: Franz Liszt und die Gräfin d'Agoult in Nonnenwerth, 1841–42. In: Die Musik, 11. Jg. 1. H.
KAPP, JULIUS: Franz Liszt. Berlin 1909 – Neuausg. 1927
Franz Liszt und die Frauen. Leipzig 1911
Das Dreigestirn Berlioz–Liszt–Wagner. Berlin 1919
KUSCHE, LUDWIG: Franz Liszt. München 1961
NEWMAN, ERNEST: The man Liszt. London 1934 – Nachdruck 1969
POURTALÈS, GUY DE: La vie de Franz Liszt. Paris 1926 – Dt.: Freiburg i. B. 1926
RAABE, PETER: Liszts Leben. Stuttgart 1931
Liszts Schaffen. Stuttgart 1931
RAMANN, LINA: Franz Liszt als Künstler und Mensch. 3 Bde. Leipzig 1880–1894
La Revue Musicale: Sondernummer «Franz Liszt». Paris 1928
SCHERING, ARNOLD: Über Liszts Persönlichkeit und Kunst. Jahrbuch der Musikbibliothek Peters, 1926
SCHRADER, BRUNO: Franz Liszt. Berlin 1921
SEARLE, HUMPHREY: The music of Liszt. London 1954
SITWELL, SACHEVERELL: Liszt. London 1934 – Neudruck mit Kommentar: New York 1967

ARAGONNÈS, CLAUDE: Marie d'Agoult. Romantik, Liebe und Leidenschaft um den jungen Liszt. Stuttgart 1939

NACHTRAG ZUR BIBLIOGRAPHIE

1. Bibliographien, Forschungsberichte, Periodica

HANDRICK, WILLY: Das Liszthaus in Weimar. 3. Aufl. Weimar 1982
KRAJASICH, PETER: Liszt-Museum, Raiding. Eisenstadt 1981 (Katalog. Burgenländisches Landesmuseum Eisenstadt. N.F. Nr.14)
Liszt Society Publications. Bd. 1 ff. London, Mainz 1952 ff.
Liszt-Studien 1. 2. Europäisches Liszt-Symposium. Hg. vom Europäischen Liszt-Zentrum (Eisenstadt). Kongreßberichte. 1: 1975 Graz. 2: 1978 Eisenstadt. Nebst Hauptband. Eisenstadt 1977–1981
Liszt-Studien 2. Referate des 2. Europäischen Liszt-Symposions, Eisenstadt 1978. Hg. im Auftrag des European Liszt-Centre von SERGE GUT. Frasdorf 1981
Liszt-Studien 3. Franz Liszt und Richard Wagner. Referate des 3. Europäischen Liszt-Symposions, Eisenstadt 1983. Hg. im Auftrag des European Liszt-Centre von SERGE GUT. Frasdorf 1986
Liszt-Studien 4. Der junge Liszt. Referate des 4. Europäischen Liszt-Symposions, Wien 1991. Hg. von GOTTFRIED SCHOLZ. Frasdorf 1993
Liszt-Studien. Vol. 1 – München, Graz 1977–
SUTTONI, CHARLES: Franz Liszt's published correspondence. An annot. bibliography. In: Fontes artis musicae 26 (1979), H. 3, S. 191–234 (551 Titel u. Reg.)

2. Originalquellen

Liszt, Franz: Neue Ausgabe sämtlicher Werke = New edition of the complete works (= Neue Liszt-Ausgabe). Ser. 1 ff. Kassel, Basel 1970 ff.
Franz Liszt-Werkverzeichnis. Nachdruck Zürich 1995

Liszt, Franz: The letters of Franz Liszt to Olga von Meyendorff 1871–1886. Introd. and notes by EDWARD N. WATERS, Mass. 1979
Liszt, Franz: Mein letzter Wille. Testament. Hg. von Emmerich Karl Horvath. Eisenstadt 1980
Liszt, Franz: Unbekannte Presse und Briefe aus Wien 1822–1886. Hg. von Dezsö Legány. Wien, Köln, Graz 1984 (Wiener musikwissenschaftliche Beiträge. 13)
Franz Liszt in seinen Briefen. Eine Auswahl. Hg. von HANS RUDOLF JUNG. Berlin 1987
Briefwechsel Franz Liszt; Richard Wagner. Hg. und eingel. von HANJO KESTING. Frankfurt a.M. 1988
Liszt, Franz: Franz Liszt über Frédéric Chopin. Zürich 1995

3. Schriften von Zeitgenossen Liszts:
Erinnerungen, Berichte u.ä.

FELIX, WERNER: Franz Liszt. 2. veränd. Aufl. Leipzig 1986 – 1. Aufl. Frankfurt a.M. 1986
HAMBURGER, KLARA: Franz Liszt. Mit Illustr. Budapest 1973 (Mit Verzeichnis der Kompositionen)
HEMPEL, IRENE (Hg.): Franz Liszt. Autobiographie sowie Berichte seiner Zeitgenossen. Leipzig (1986)
Liszt, COSIMA: Franz Liszt: Mein Vater. Zürich 1995
RAMANN, LINA: Lisztiana. Erinnerungen an Franz Liszt in Tagebuchblättern, Briefen und Dokumenten aus den Jahren 1873–1886/87. Mainz, London 1983.
WEILGUNY, HEDWIG (Hg.): Franz Liszt (Bildband). 4. Aufl. Leipzig 1980

4. Bücher über Liszt und sein Werk (Auswahl)

AUTEXIER, PHILIPPE A.: Mozart & Liszt sub Rosa. Poitiers 1984
BECKER, RALF WALTER: Formprobleme in Liszts h-moll-Sonate. Untersuchungen zu Liszts Klaviermusik um 1850. Marburg, Diss. 1980
DÖMLING, WALTER: Franz Liszt und seine Zeit. Laaber 1985
BURGER, ERNST: Franz Liszt. Eine Lebenschronik in Bildern und Dokumenten. München 1986
ENGEL, ADALBERT: Franz Liszt oder der virtuose Klang der Menschlichkeit. Gernsbach 1989
GÁRDONYI, ZSOLT, und SIEGFRIED MAUSER (Hg.): Virtuosität und Avantgarde. Untersuchungen zum Klavierwerk Franz Liszts. Mainz 1988
GOODMAN, ALFRED A.: Die amerikanischen Schüler Franz Liszts. Wilhelmshaven 1972
GUT, SERGE: Franz Liszt. Les élements du langage musical. (Paris) 1975 (S. 473–500: Bibliographie und Werkverz.)
HASCHEN, REINHARD: Franz Liszt oder die Überwindung der Romantik durch das Experiment. Berlin 1989
HEINEMANN, ERNST G.: Franz Liszts Auseinandersetzung mit der geistlichen Musik. Zum Konflikt von Kunst und Engagement. München 1978
JERGER, WILHELM: Franz Liszts Klaviermusik von 1884–1886. Dargest. an den Tagebuchaufzeichnungen von August Göllerich, Regensburg 1975
KABISCH, THOMAS: Liszt und Schubert. München, Salzburg 1983
Franz Liszt. Beiträge von ungarischen Autoren. Budapest 1978
MATUSCHKA, MATHIAS: Die Erneuerung der Klaviertechnik nach Liszt. München 1987
POHL, RICHARD: Franz Liszt. Neudr. der Ausg. von 1883. Vaduz o.J.
RAABE, PETER: Franz Liszt. 2 Bde. 2. erg. Aufl. Tutzing 1968
REDEPENNING, DOROTHEA: Das Spätwerk Franz Liszts. Bearbeitungen eigener Kompositionen. Hamburg 1984
Franz Liszt – Faust Symphonie. München 1988

Rehberg, Paula: Liszt. Die Geschichte seines Lebens, Schaffens und Wirkens. München 1978
Schibli, Siegfried: Franz Liszt. Rollen, Kostüme, Verwandlungen. München, Zürich 1986
Schumann, Karl: Das kleine Liszt-Buch. Reinbek 1981
Schwarz, Peter: Studien zur Orgelmusik Franz Liszts. Ein Beitrag zur Geschichte der Orgelkomposition im 19. Jahrhundert. Mit Notenbeispielen. München 1973
Stockhammer, Robert: Franz Liszt. Im Triumphzug durch Europa. Wien 1986
Torkewitz, Dieter: Harmonisches Denken im Frühwerk Franz Liszts. München 1978

NAMENREGISTER

Die kursiv gesetzten Zahlen bezeichnen die Abbildungen

d'Agoult, Marie Gräfin 7, 16 f, 22, 35 f, 43 f, 70, 72, 73, 89, 90, 91, 93, 94, 111, 119, 121 f, *30, 37, 47, 55*
d'Agoult, Graf 37
d'Albert, Eugen 128
Anakreon 96
Antonelli, Giacomo 109
Augusta, Deutsche Kaiserin 133

Bach, E. 135
Bach, Johann Sebastian 28
Bache, Walter 135
Balzac, Honoré de 30
Bartók, Béla 25, 97, 128
Beethoven, Ludwig van 19, 25, 28, 42, 44, 64, 66, 74, 85, 98, 103
Bellini, Vincenzo 30
Berlioz, Hector 30, 42, 44, 64, 66, 74, 75, 82 f, 88, 98, 123, *82*
Bernhardi, Theodor von 70, 75
Bismarck, Otto, Fürst von 130
Bory, Robert 43
Brahms, Johannes 75, 87, 88
Braun, Baron 13
Brendel, Franz 86, 87, 95, 121
Bülow, Daniela von 132, 137
Bülow, Hans Guido Freiherr von 75, 92, 105 f, 123, 132, 133, *104*
Bülow-Liszt, Cosima von s. u. Cosima Wagner
Busoni, Ferruccio 29
Byron, George Gordon Lord 28

Calvin, Johann (Jean Cauvin) 43
Cessiat, Gräfin Valentine 67
Chateaubriand, François-René, Vicomte de 24, 28

Cherubini, Luigi 19, 30
Chopin, Frédéric 26, 30, 66, *33*
Colonne, Édouard 135
Conradi, August 87
Cornelius, Peter 74, 75, 78, 95, 106, *96*
Cramer, Heinrich 21
Czerny, Carl 17 f, 26

Dante Alighieri 45
Debussy, Claude 63
Delacroix, Eugène 30
Dingelstedt, Franz Freiherr von 77
Donizetti, Gaetano Domenico Maria 74
Draeseke, Felix 64, 124
Dumas père, Alexandre 30, *30*

Einstein, Alfred 100
Érard, Sébastien 21, 135
Erkel, Ferenc 125
Esterházy, Michael Graf 13
Esterházy, Nikolaus Fürst 9, 13
Esterházy, Nikolaus Joseph Fürst 9
Esterházy, Paul Anton Fürst 9

Fay, Amy 128
Festetics, Leo Graf 56
Flotow, Friedrich von 73
Franz Joseph I., Kaiser von Österreich 121
Freud, Sigmund 22
Friedrich, Deutscher Kaiser 137

Gambetta, Léon 130
Gautier, Théophile 30, 63
Georg IV. August Friedrich, König

von Großbritannien und Irland und Kurfürst von Hannover 21
Gluck, Christoph Willibald Ritter von 74
Goethe, Johann Wolfgang von 24, 74
Goldschmidt, Adalbert von 124
Göllerich, August 128, 137
Gounod, Charles François 124
Grimm, Julius Otto 87

Halévy, Ludovic 30
Hanslick, Eduard 85, 130 f, 103
Haraszti, Émile 7, 69, 91, 108, 111, 113, 123
Haslinger, Tobias 48
Haydn, Joseph 9
Heim, Emilie 103
Heine, Heinrich 30
Hellmesberger, Joseph 130
Hiller, Ferdinand von 86
Hoffmann von Fallersleben, August Heinrich 75
Hohenlohe, Constantin von 108, 111
Hohenlohe, Gustav von, Kardinal 111, 124
Homer 28
Hugo, Victor 24, 28, 30
Hummel, Johann Nepomuk 9, 13, 17, 28, 66, 78

Iwanowsky, Peter von 70

Janina, Gräfin Olga 117 f, 117
Joachim, Joseph 75, 86, 87
Joseffy, Rafael 128
Joss, Viktor 69
Joukowsky 137

Kalkbrenner, Friedrich Wilhelm Michael 21
Kant, Immanuel 24
Kapp, Julius 12, 24, 38, 133, 137
Karl Alexander, Großherzog von Sachsen-Weimar 57, 78, 124
Kingston, Mrs. 135
Klindworth, Karl 75
Kodály, Zoltán 97
Kreutzer, Rodolphe 21

Lager, Maria Anna s. u. Maria Anna Liszt
La Mara (Marie Lipsius) 94
Lamartine, Alphonse de 28, 30, 83
Lamennais, Félicité Robert de 27, 46

Lamond, Frederic 128
Lamoureux, Charles 135
Leßmann, W. J. Otto 124
Lichnowsky, Felix Fürst 67
Lindler 135
Liszt, Adam 9 f, 15, 19 f, 22, 11
Liszt, Blandine 36, 43, 102, 108, 123, 49
Liszt, Cosima s. u. Cosima Wagner
Liszt, Daniel 13, 49, 102, 106, 123, 49
Liszt, Maria Anna 9, 10, 15, 21, 23, 24, 50, 69, 123, 12
Littleton, Henry 135
Locke, John 28
Löwy 94
Ludwig I., König von Bayern 60
Ludwig II., König von Bayern 105

Mackenzie, Alexander 135
Maria Pawlowna, Großherzogin von Sachsen-Weimar 67, 73
Mendelssohn-Bartholdy, Felix 42, 83
Meyendorff, Baronin Olga von 132, 134, 135, 133
Meyerbeer, Giacomo (Jakob Liebmann Meyer Beer) 30, 74
Montaigne, Michel Eyquem de 24, 45
Montez, Lola (Maria Dolores Gilbert) 60, 60
Moscheles, Ignaz 21
Motta, José Vianna da 128
Mozart, Wolfgang Amadé 9, 28, 63, 74
Munkácsy, Mihály 137
von Munkacsy, Frau 135
Musset, Alfred de 30

Newman, Ernest 7, 8, 16, 36, 51, 60, 106, 114, 118
Nicolai, Otto 74

Ollivier, Daniel 36
Ollivier, Émile 123

Paer, Ferdinando 19, 87
Paganini, Niccolò 27 f, 48, 29
Palestrina, Giovanni Pierluigi da 83
Pascal, Blaise 24
Platon 28
Pohl, Richard 95
Prokofjew, Sergej S. 63
Pruckner, Dionys 75

Raabe, Peter 7, 10, 24, 28, 51, 54, 69 f, 85, 92, 94, 103, 116, 128
Raff, Joseph Joachim 75, 87
Ramann, Lina 8, 9, 11, 13, 14, 16, 22, 32, 34 f, 36, 38, 40, 69, 89, 95, 116
Ravel, Maurice 63
Reicha, Anton (Antonín Rejcha) 19
Rellstab, Ludwig 61
Ries, Ferdinand 12, 13
Rosenthal, Moriz 128
Rossini, Gioacchino Antonio 30, 42, 66, 74, *30*
Rousseau, Jean-Jacques 24

Saint-Cricq, Caroline de 23 f
de Saint-Cricq, Comte 23 f, 31
Sainte-Beuve, Charles-Augustin 30
Saint-Saëns, Camille 124
Salieri, Antonio 17
Sand, George (Aurore Dupin, Baronne Dudevant) 22, 30, 32, 44, 46, 49, *30, 34, 45*
Sappho 96
Sauer, Emil 128
Sayn-Wittgenstein, Carolyne Fürstin von 7, 8, 31, 35, 36, 38, 51, 54, 67 f, 75, 80, 87, 88 f, 100, 102 f, 105, 106, 108 f, 114, 116, 119, 123; 125 f, 132, 137, 140, *71, 110*
Sayn-Wittgenstein, Marie Prinzessin von 70, 102, 108, 111
Sayn-Wittgenstein, Nikolaus Fürst von 70, 80, 109
Schiller, Friedrich 74
Schindler, Anton 19
Schlözer, Kurd von 114
Schmalhausen, Lina 133, 135, 137, *134*
Scholz, Bernhard E. 87
Schorn, Adelheid von 93, 108, 111, 115, 117, 126, 137
Schubert, Franz 42, 94, 124, 130

Schumann, Clara 58, 59, 63
Schumann, Robert 58 f, 66, 69, 74, 75, 88, *59*
Schwarzenberg, Felix Fürst zu 16
Scudo, F. 85
Searle, Humphrey 7, 85, 124
Sgambati, Giovanni 128
Shakespeare, William 45
Siloti, Alexander I. 128
Sophie, Erbgroßherzogin von Sachsen-Weimar 73
Stavenhagen, Bernhard 134, 135
Stradal, August 128
Street, Agnes 75, 83, 93 f
Szeméré, Mme 119

Tausig, Carl 75
Thalberg, Sigismund 44
Theokrit 32
Thomán, István 128
Thomas a Kempis (Thomas Hemerken) 21

Verdi, Giuseppe 43, 74, 130
Victoria, Königin von Großbritannien und Irland 135
Voltaire (François-Marie Arouet) 24

Wagner, Cosima 46, 51, 102, 105 f, 132, 137 f, *49, 107*
Wagner, Richard 8, 36, 46, 59, 72, 74, 75, 88, 92, 97 f, 108, 123, 125, 127, 128, 130, 132, 137, 140, *99, 103*
Weber, Carl Maria Friedrich Ernst von 28, 66, 74
Weißbrod 137
Wesendonk, Otto 103
Wieck, Clara s. u. Clara Schumann
Wieck, Friedrich 69
Wolzogen, Hans Paul Freiherr von 10

ÜBER DEN AUTOR

EVERETT HELM, geb. 1913 in Minneapolis (Minnesota). Studium an der Harvard University, Promotion als Musikwissenschaftler. 1936 bis 1938 Reisestipendium nach Europa. Einige Jahre lang Dozent an amerikanischen Lehranstalten. 1944 bis 1946 in Lateinamerika, dann New York. Seit 1950 in Europa als Komponist, Journalist und Dozent tätig. Musikkritiker führender Zeitungen. 1966 bis 1969 Gastdozent an der Universität von Ljubljana. Wohnt seit 1963 in Asolo bei Venedig. Seine eigenen Kompositionen wurden in Nordamerika, Südamerika und Europa aufgeführt. Für «rowohlts monographien» schrieb Helm den Band über Béla Bártok.

QUELLENNACHWEIS DER ABBILDUNGEN

Liszt-Museum, Budapest: 134, 136, 139 / Bibliothèque Nationale, Paris: 31 / George-Sand-Museum, Paris: 45 / Archiv für Kunst und Geschichte, Berlin-Nikolassee: 30, 56, 129 / Photo Giraudon, Paris: 25 / Photo Bulloz, Paris: 47 / Photo Hanfstaengl, München: 68 / Aus: Franz Liszt. Sein Leben in Bildern (Bärenreiter Verlag, Kassel–Basel–Paris–London 1967): 63, 130, 140 / Aus: Max von Millenkovich-Morold, Dreigestirn. Wagner, Liszt, Bülow (Philipp Reclam jun. Verlag, Leipzig 1940): 71, 104, 107 / Alle anderen Bildvorlagen stammen aus der Sammlung des Autors.